中国科普作家协会国防科普委员会推荐图书

舰船科普丛书

中国船舶及海洋工程设计研究院
上海市船舶与海洋工程学会
上海交通大学

 主编

海洋科考船

曲宁宁 韩 龙 吴 刚

 编著

上海科学技术出版社

图书在版编目(CIP)数据

海洋科考船 / 中国船舶及海洋工程设计研究院,上海市船舶与海洋工程学会,上海交通大学主编;曲宁宁,韩龙,吴刚编著. —上海:上海科学技术出版社,2019.8(2022.7重印)
(国之重器:舰船科普丛书)
ISBN 978-7-5478-4405-2

Ⅰ.①海… Ⅱ.①中… ②上… ③上… ④曲… ⑤韩… ⑥吴… Ⅲ.①海洋调查船—青少年读物 Ⅳ.①U674.81-49

中国版本图书馆CIP数据核字(2019)第169011号

舰船科普丛书

海洋科考船

中国船舶及海洋工程设计研究院
上海市船舶与海洋工程学会　主编
上海交通大学

曲宁宁　韩　龙　吴　刚　编著

上海世纪出版(集团)有限公司
上海科学技术出版社　出版、发行
(上海市闵行区号景路159弄A座9F-10F)
邮政编码201101　www.sstp.cn
上海盛通时代印刷有限公司印刷
开本 787×1092　1/16　印张 12.5
字数 210千字
2019年8月第1版　2022年7月第3次印刷
ISBN 978-7-5478-4405-2/N·167
定价:68.00元

本书如有缺页、错装或坏损等严重质量问题,请向印刷厂联系调换

内容提要

海洋科考是一个国家科技实力强弱的重要标志之一,大国强国都是以其先进的海洋科学技术为支撑。探索和研究海洋需要先进的海洋科考船,设计建造海洋科考船、探究海洋的奥秘具有十分重要的战略意义。

为了普及海洋科考船知识,我们编写了《海洋科考船》一书,向读者介绍海洋的基本知识,海洋科考船的渊源、总体性能、船体结构、动力推进、网络通信,海洋科考船的功能与系统,海洋科考船的分类;着重介绍了我国海洋科考船研制和海洋科考工作者发扬自力更生、艰苦奋斗的精神,只争朝夕、创新发展、赶超海洋科考船世界先进水平的历程,以及在海洋科考领域所取得的丰硕成果;还与读者一起畅想海洋科考船的未来,以激励广大青少年朋友奋发图强,投身到海洋科考船建设事业中。

国之重器 —— 舰船科普丛书

编委会

■ 主　任

邢文华

■ 副主任

黄　震　卢　霖　林　鸥　盛纪纲　胡敬东
韩　华　张　毅

■ 委　员

陈　刚　沈伟平　姜为民　李小平　黄　蔚
赵洪武　王　洁　冯学宝　王　磊　张莉芬
张达勋　张　超　景宝金　吴伟俊　倪明杰
许　刚　孟宪海　王文凯　韩　龙　余继亮

国之重器——舰船科普丛书

专家委员会

■ 主 任
曾恒一　潘镜芙

■ 副主任
韩　华　郑茂礼　郑　晖　杨德昌　田小川

■ 委　员
王佩宏　张照华　郭彦良　张关根　杨葆和
俞宝均　张文德　张福民　涂仁波　毛献群
张祥瑞　马　涛　吴正廉　徐寿钦　陈德耀
张仲根　戴自昶　张　帆　田立群　罗杏春
马炳才　刘厚恕　张太佶　张富明　李志刚
李新仲　谢　彬　王建方　李刚强　吴　刚
徐　萍　王彩莲　张海瑛　仲伟东　于再红
丁伟康

国之重器——舰船科普丛书

编辑部

■ **主 编**

张 毅

■ **编写人员（以姓氏笔画为序）**

于再红	卫琛喻	王 庆	王 建	王 莉
王建方	韦 强	曲宁宁	任 毅	刘积骅
祁 斌	牟朝纲	牟蕾频	杨 添	李 成
李刚强	李招凤	吴贻欣	邱伟强	张宗科
张富明	林伍雄	范永鹏	尚亚杰	尚保国
罗杏春	单铁兵	赵吉庆	段雪琼	俞 赟
施 璟	洪 亮	姚 亮	贺慧琼	秦 硕
徐春阳	唐 尧	陶新华	黄小燕	曹大秋
曹才轶	曹永恒	梁东伟	韩 龙	虞民毅
魏跃峰				

总 序

  海洋之美，浩瀚、静谧、神秘。人类生存的地球表面71%覆盖着的海洋，陆地被海洋包围着，仿若不沉之"舟"。

  中华人民共和国，既是一个拥有960万平方千米陆地疆域的陆地大国，也是一个东部和南部大陆海岸线约1.8万千米、内海和边海的水域面积约470万平方千米、海域分布有大小岛屿7 600多个的海洋大国。提高海洋资源开发能力、发展海洋经济、保护海洋生态环境、坚持维护国家海洋权益、建设海洋强国，事关国家安全和长远发展，也对实现中华民族伟大复兴的中国梦具有十分重要的战略意义。

  工欲善其事，必先利其器。经略海洋，装备当先。只有拥有强大的海洋装备作支撑，才能形成强大的海上力量，才能保障安全可靠的海上能源和贸易通道，才能拥有海洋权益的话语权。能犁开万顷碧波的舰船，正是建设海洋强国的"国之重器"。

  经过几代中国舰船人的努力，我们取得了骄人的成绩。第一艘航母已交接入列，第二艘航母又下水海试；新型弹道导弹核潜艇受到世界各国的关注；"滨州"号护卫舰、"昆仑山"号船坞登陆舰等在亚丁湾为过往船舶保驾护航；"临沂"号护卫舰参与也门撤侨，彰显大国担当；"和平方舟"号医院船多次赴海外开展医疗服务和救灾援助；自主设计制造的20 000箱超大型集装箱船助力中欧航线的运输；"天鲲"号绞吸挖泥船向世界展示什么叫做历练终成金；"雪龙2"号科考船即将承载起极地探索的使命……

  这一个个令人振奋的消息背后，是"国之重器"建设大军只争朝夕、锐意进取、拼搏奋斗、攻坚克难的身影。"功以才成，业由才广"，世上一切事物中人是最宝贵的，一切创新成果都是人做出来的。硬实力、软实力，归根到底要靠人才实力。科技发展史证明：谁拥有了一流创新人才、拥有了一流科学家，谁就能在科技创新中占据优势。

  在中国建设海洋强国的道路上，"国之重器"建设大军的每一个岗位都必须后继有

人,有人传承,有人接班!

少年强则中国强。为增强青少年的海洋和国防意识,普及舰船和海洋工程科学知识,我们编撰了一部以青少年为主要对象、面向公众的科普读物"国之重器——舰船科普丛书"(简称"丛书")。丛书以舰船为主线,全面展现新中国成立近70年以来,自主研制国之重器的艰难历程及取得的辉煌成就,使广大青少年从中汲取知识、增长才干、坚定信念、强化担当。

这套丛书共20分册,涵盖海洋防卫、海洋运输、海洋科考、海洋开发等方面,包括:海上霸主——航空母舰、深海巨鲨——潜艇、海上科学城——航天测量船、探究海洋奥秘的科学考察船、造船工业皇冠上的明珠——液化气运输船、海上巨无霸——集装箱船、超大型油船、造岛神器——大型挖泥船、海上石油城——钻井平台等。

丛书由从事舰船和海洋工程科研、设计、建造的100余位专家、技术骨干和青年科技工作者执笔,并经30余位专家审阅,历时2年编写而成。

当代青少年和公众涉猎面广,超前意识和多维立体思维能力强,具有令人刮目相看的理解能力。丛书撰写者充分考虑到青少年和公众读者的阅读要求,量身定制、兼收并蓄,将舰船知识图谱化,采用重点讲解、型号示例等方法,使专业知识通俗易懂,增强了丛书的可读性。

博览众采,传承知识。丛书通过科学的体例设置,涵盖军用舰船、民用船舶和海工装备的相关知识,体系庞大而有序,知识通俗而有内涵,突出展现了丛书内容的鲜明特色,使广大青少年读者一书在手,舰船在胸。

—— 图谱化的舰船知识。丛书坚持知识性与趣味性相结合,以图文并茂的形式对一些典型舰船进行集中讲解,以便让读者掌握舰船的特点。

—— 通俗化的专业知识。丛书坚持专业性与通俗性的有机结合,用朴实的篇章构建舰船知识链,用易懂的语言精准描述舰船的工作原理、性能特点。

—— 人文化的历史知识。丛书追溯舰船诞生的起点,展望舰船发展的未来,彰显舰

船历史的人文特色，描绘出一幅幅人类设计建造舰船、塑造海洋文明的生动画卷。

拓宽视野，启迪心智。丛书以舰船为载体，为广大青少年读者打开了世界舰船知识之门、中国舰船科技之窗，让读者驾驶生命之船，扬起思想风帆。

—— 认清大势，强化理念。丛书以舰船为媒，引导读者正确认识世界和中国。半个多世纪风雨兼程，中国船舶装备在变，舰船航迹在变，唯有"国之重器"建设者们"忠于党、忠于人民、忠于国家"的初心不改，信仰不变，继续弘扬突破自我、敢为人先的工匠精神，锲而不舍，发愤图强，国家利益所至，科技创新必达！

—— 明确主题，播种梦想。丛书以中国舰船制造励精图治、自力更生、发奋图强、勇创辉煌的历史红线，为每个青少年播种梦想、点燃梦想，让更多青少年敢于有梦、勇于追梦、勤于圆梦。

激扬青春，陶冶情操。理想指引人生方向，信念决定事业成败。丛书倾诉舰船昨天之历史故事，弹奏舰船今天之恢宏篇章，高歌舰船明日之瑰丽远景。

—— 弘扬爱国主义精神。丛书立足民族、面向世界，旨在激发广大读者的爱国情怀；以科学的视角，生动介绍了新中国成立以来我国舰船及海洋工程研制所取得的成就，讲述一代又一代科技人员怀着深厚的爱国情怀，为中国舰船事业发展所作的贡献。

—— 倡导奋进创新思想。丛书用世界舰船的历史史实启发读者认知：创新是民族进步的灵魂，是一个国家兴旺发达的不竭源泉。广大青少年读者应敢为人先，勇于解放思想、与时俱进，敢于上下求索、开拓进取，树立雄心壮志，努力超越前人。

—— 激励艰苦奋斗精神。丛书用中国舰船的历史史实引领读者感悟，我们的国家、我们的民族，从积贫积弱一步一步走到今天的繁荣富强，靠的就是一代又一代人的顽强拼搏，靠的就是中华民族自强不息的奋斗精神。

2016年5月30日，习近平总书记在全国科技创新大会、两院院士大会、中国科协第九次全国代表大会上的讲话指出：科技创新、科学普及是实现创新发展的两翼，要把科学普及放在与科技创新同等重要的位置。希望广大科技工作者以提高全民科学素质为己任，

在全社会推动形成讲科学、爱科学、学科学、用科学的良好氛围,使蕴藏在亿万人民中间的创新智慧充分释放、创新力量充分涌流。"国之重器——舰船科普丛书"正是习近平新时代中国特色社会主义思想的生动实践。

愿:"国之重器——舰船科普丛书"构建一座智慧的熔炉,锻造中国青少年威武铁甲!

愿:"国之重器——舰船科普丛书"筑起一个知识的平台,助力中国青少年纵横海疆!

愿:"国之重器——舰船科普丛书"插上一双理想的翅膀,引领中国青少年翱翔海天!

曾恒一 潘镜芙

中国工程院院士

2018年8月

前 言

　　浩瀚无垠的海洋是地球上生命的发源地，人类与海洋的关系极为密切，人类的衣、食、住、行都离不开海洋，人类赖以生存的大气中70％的氧气来源于海洋植物的光合作用，陆地上的淡水几乎全部来源于海水的蒸发，大陆的气候、温度、湿度全靠海洋调节。由于人类居住在陆地上，对海洋的了解甚少，地球上95％的海洋尚未被人类探索和研究，丰富的海洋资源未被合理地开发利用和保护，还有许许多多未知之谜有待破解，探究海洋的奥秘是人类共同的向往。

　　海洋科考是一个国家科技实力的重要体现。世界近代史表明，每一个崛起的大国都是以先进的海洋科学技术为支撑。人类进入21世纪以来，海洋领域的竞争越演越烈。探索和研究海洋，需要借助配备多种功能不同的仪器和设备的海洋科考船这个平台，因此设计建造先进的海洋科考船具有十分重要的战略意义。

　　如果没有海洋科考船的基础科研，有人在大洋落水，我们的救援船将不知道去哪个方向搜救，因为不知晓海水流动规律；我们将无法准确预报台风、潮汐和厄尔尼诺现象；迄今为止世界上发现的海上沉船中年代最早、船体最大、保存最完整的南宋远洋贸易商船"南海一"号将无法打捞，因为我们对深海大洋的温度、盐度、深度、地质情况都不清楚；甚至有毒的海鱼摆在你面前，你都有可能吃下去，因为我们并不清楚海上是否正发生着毒潮。

　　为了普及海洋科考船知识，我们编写了《海洋科考船》，让我们与读者一起走进海洋科考船，了解海洋科考船的由来与发展、海洋科考船的特征、海洋科考的内容及与其相应的主要设备。

　　本书介绍了新中国成立以后，特别是改革开放以来研制的进入世界先进行列的海洋科考船，具代表性的如下。

"向阳红10"号远洋调查船,创造性地将海洋调查、天气预报、远洋通信三大功能集于一船,完成了我国首次向太平洋海域发射远程运载火箭试验的海上靶场勘查,首航南极成为我国航海史上的壮举。

"海洋六号"综合地质调查船,首次获取了天然气水合物(又称可燃冰),标志着我国天然气水合物调研达到国际先进水平。

"科学"号综合科考船,是21世纪以来我国自主设计建造的第一艘综合性的海洋科考船,诸多创新设计理念,多型新设备属首次装船应用,标志着我国深远海科考船设计能力迈入国际先进行列。

"东方红3"号综合科考实习船,是当前国内已建综合科考船中吨位最大、载员最多、水下噪声控制最严、综合科考和探测能力最强的旗舰船型。

本书还对世界未来海洋科考船的发展前景作了展望。

期待本书能帮助读者,尤其是广大青少年读者,增强海洋意识,了解海洋与人类的关系,了解海洋科考船的功能与作用,进而引发对海洋科考的兴趣,爱科学、爱海洋、爱海洋科考船,让有志于从事海洋科考的读者,有朝一日投入到研究、设计、建造世界领先的海洋科考船的事业中。

作　者

2019年5月

舰船科普丛书

目 录

第1章
人、海、船 / 1

海洋 / 2

人与海洋 / 7

探索海洋的历史 / 13

科考船的出现 / 18

第2章
走进科考船 / 21

第一眼的感觉——吨位和外观 / 22

标致的面容——艏部线型 / 26

强健的体格——船体结构 / 29

有力的心脏——推进系统 / 31

麻利的腿脚——推进器 / 33

互联互通——网络和通信 / 39

忙忙碌碌——科考作业与日常生活 / 41

第3章
科考船的分类 / 51

全能多面——综合科考船 / 52

术业专攻——专业科考船 / 54

特殊本领——特种科考船 / 60

第4章
科考船的功能与系统 / 71

大气调查 / 73

水体调查 / 75

海底调查 / 80

深海调查 / 87

声学调查 / 91

遥感信息调查 / 92

支撑系统 / 93

科考工作处所 / 102

第5章
我国海洋科考船 / 111

起步 / 112

发展 / 115

创新 / 129

第6章
世界海洋科考船 / 149

早期阶段 / 150

快速发展 / 159

第7章
放眼未来 / 171

协同作战——立体观测 / 172

精兵强将——船型升级 / 173

开疆拓土——深入两极 / 178

参考文献 / 180

后记 / 181

第1章
人、海、船

海洋

海水是由地球的物质演化而来。地球早期火山排出的水汽凝结成液态水，于是形成原始海洋。随着地球不断演化，海水容积缓慢增长。地球表面大部分为海水覆盖，海洋总面积约3.6亿平方千米，约占地球总面积的71%。海洋不仅在面积上远超陆地，它的深度也是陆地高度难以企及的。海洋的平均深度约3 800米，深度大于3 000米的海洋占海洋总面积的75%；而陆地的平均海拔不到900米，海拔不足1 000米的陆地则占其总面积的71%。

我们经常同时提到"海"与"洋"，其实两者有很大不同。

洋，是海洋的主体部分，面积辽阔，远离大陆，约占海洋总面积的89%。大洋水深一般在3 000米以上，最深的马里亚纳海沟水深在1万米以上。大洋的海洋要素及特征如盐度、温度、水色、透明度等基本不受大陆影响，具有独立的潮汐、洋流及大气环流系统，洋底以海岭和岭脊为主。

世界大洋被分为太平洋、大西洋、印度洋和北冰洋四大部分。由于南极洲附近的水域有其自成体系的环流系统和独特的

> 图2 滔天巨浪

水团结构,海洋学上通常把南极洲附近的水域称为南大洋或南极海域。

海,是洋的附属部分,位于洋的边缘。全世界的海一共有50多个,面积仅占全世界海洋总面积的11%左右。海的水深一般较浅,平均深度在2 000米以内。海邻近大陆,受陆地、河流、气候和季节的影响,其温度、盐度、水色、透明度等海洋水文要素受大陆影响很大,有明显的周期变化,没有自己独立的潮汐和

∨ 图1 平静的大洋

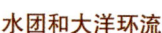

水团和大洋环流

水团是指源地和形成机制相近,具有相对均匀的物理、化学、生物特征及大体一致的变化趋势,而与周围海水存在明显差异的宏大水体。由海兰·汉森1916年首先用于海洋学中,1929年德凡特参照大气科学中气团的定义,首次给出了水团的定义。

大洋环流是指在海面风力和热盐等作用下,海水从某海域流向另一海域,最终又流回原海域的首尾相接的独立环流体系或流旋。大洋环流尺度非常大,最大的有几百千米宽、上千千米长、数百米深。

洋流。

按所处位置，海可分为边缘海、内陆海及陆间海。边缘海是海的边缘部分，靠近大陆，以各种岛屿与大洋分隔，如我国的南海及东海、日本海。内陆海是大陆内部的海，面积小，受大陆影响很大，如波罗的海和我国的渤海。陆间海指大陆之间的海，深度和面积都较大，如地中海和加勒比海。

海底，按距离大陆的远近，分为海岸带、大陆边缘和大洋底。

海岸带是陆地和海洋的分界线，由于潮位作用而处于不断的变动之中。世界海岸线总长约44万千米，是与人类生活密切相关的区域，世界上约有2/3的人口靠近海岸带居住。

大陆边缘是大陆与大洋之间的过渡区域，可分为稳定型和活动型两种。稳定型少有活火山和地震，板块活动不频繁，如大西洋、印度洋和北冰洋周围。活动型大陆边缘简直就是地球的"大烟囱"和"出气筒"，是全球最强烈的板块构造活动地带，集中分布在太平洋东西两侧，这里集中了全世界约80%的活火山。

> 图3 大洋中脊

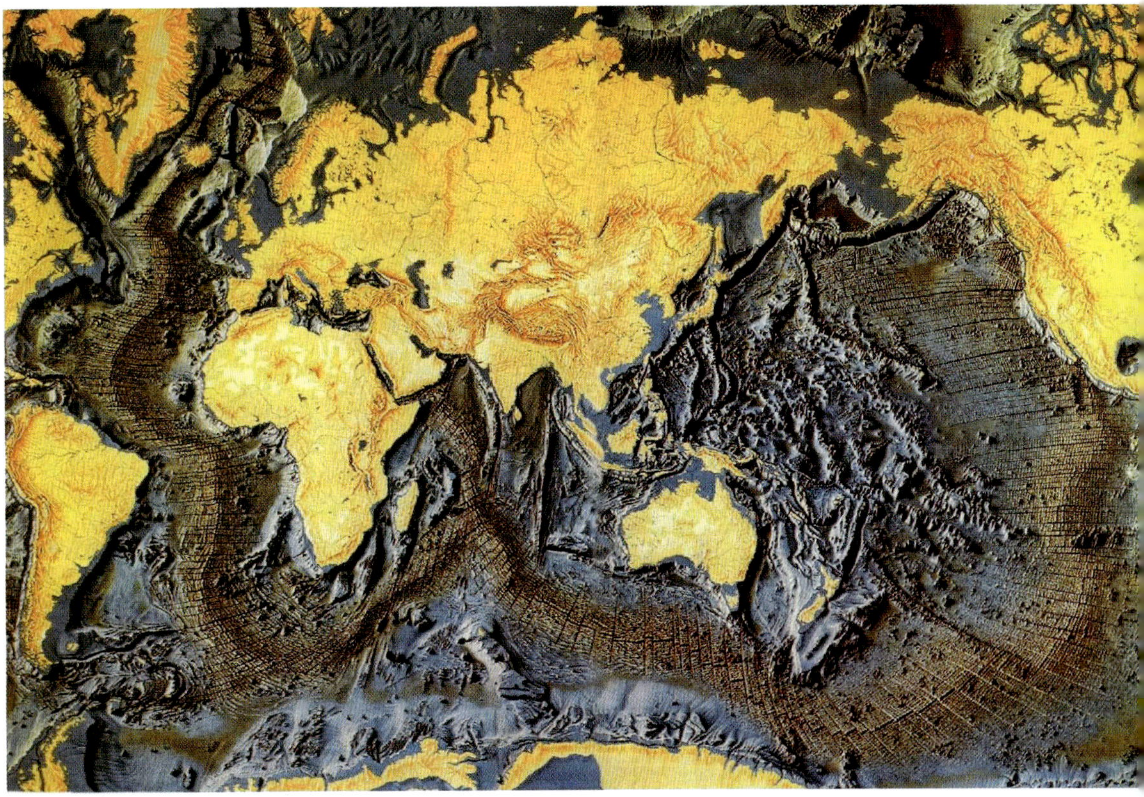

大洋底指大洋的底部部分，是大洋的主体，主要分为大洋中脊和大洋盆地两部分。

海水有多样的物理特性。含盐量是海水浓度的标志，但精确测定海水中绝对盐量是非常困难的。为此人们引进了"盐度"的概念，以近似表示海水中的含盐量，通过测定海水的电导率，根据公式换算得到海水盐度。

海水的热膨胀系数比空气小得多，温度变化对海水密度的影响很小。海水的比热容远大于大气的比热容，海水温度变化缓慢，而大气的温度变化十分剧烈。

海水的温度、盐度和密度是海洋学中极其重要的三个基本物理量。海洋中一切现象几乎都与这三个物理量有着密切关系，而海洋中热量和水量的收支情况是影响其分布与变化的最主要因素。

海水有复杂的化学特性。海水是一种非常复杂的多组分水溶液，含有 Cl^-、SO_4^{2-}、Na^+、K^+ 等各种阴阳离子，以及溶于海水中的气体成分、营养元素、微量元素、有机物质、放射性同位素等。

海洋与大气关系密切。海洋和大气都是地球上的流体，两者既有联系，又相互影响，其运动规律有诸多相似之处。它们都是气候系统的重要组成成分，大尺度海气相互作用是气候的形成和变化的根本因素。

在太阳光的照射下，水在海洋与大气之间循环，两者不断发生能量交换，海洋

> 图4 科学家在海上释放带有温—盐—深仪（CTD）的采水器

小贴士

大洋中脊和大洋盆地

大洋中脊又称中央海岭，它们是凸起于海底的大型山脉，是地球上规模最为宏大的环球山系。顶部水深一般在2～3千米，有的脊顶露出水面，形成岛屿，其面积约占洋底总面积的33%。

大洋盆地是指大洋中脊坡麓和大陆边缘之间的部分，水深通常在4～6千米，盆地中含有深海平原、海山及海丘。

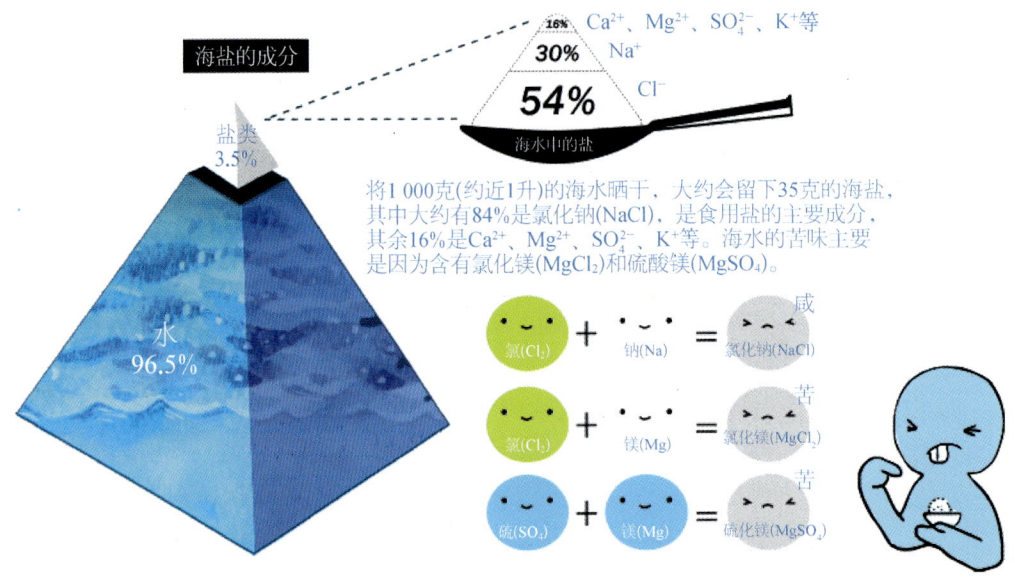

> 图5 海水成分

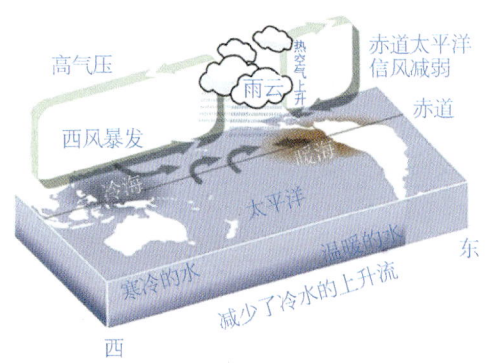

> 图6 厄尔尼诺现象发生时的状况

> 图7 南方涛动

主要通过向大气输送热量影响大气运动，就像是一个大的"热机锅炉"；大气主要通过风向海洋提供动量，改变洋流并重新分配海洋蕴含的热量，就像一个大的"风扇"。

海洋中有各种声学现象。在水中，各种能量辐射形式，以声波的传播性能最好。受海水中各种盐分、气泡和生物的影响，光波和电磁波的衰减很大，传播距离非常有限，无法满足人们在海洋活动中的各种需要，因此声波就成了水下通信唯一有效的手段。

声呐是水中发射和接收声能以探测

水下目标的一种声学设备,达·芬奇早在1490年就有过关于声呐雏形的描述,"如果船停航,将长管的一端插入水中,将管的开口放在耳旁,则可听到远处的航船"。声呐在第二次世界大战(简称二战)中得到迅速发展,二战后的民用开发也成果丰硕,测深、导航、水下通信、探鱼和海底地形测绘都离不开声呐。

人与海洋

海洋是生命的摇篮,水是生命之源。最初的原始生命在海洋中诞生,最终演化出地球上丰富多彩的生命形式。

海洋是人类资源的宝库,自古就有"龙宫宝藏无数"的传说,这实际上反映了上古人类就意识到海洋在资源利用方面的巨大作用。海洋资源一般可分为五大类:生物资源、矿产资源、化学资源、动力资源及空间资源。

 **生物资源**

海洋能为生物提供广阔的栖息地,海洋在全部深度上都有生物分布。虽然世界大洋彼此相连,但温度、盐度和深度会形成天然"屏障",所以没有一种海洋生物能适应全球任何一个海域。

海洋中的物种多样性也比陆地上丰富。动物界33个门类中,海生环境中有33个门,含15个特有门;而陆生环境仅有18个门,特有门只有1个。

小贴士

厄尔尼诺和南方涛动

厄尔尼诺是指大尺度的海洋和气候异常现象。历史上的厄尔尼诺指每年圣诞节前后沿厄瓜多尔和秘鲁沿岸出现的一股弱暖洋流代替原冷水的现象。厄尔尼诺发生时,整个赤道东太平洋会略有增暖,造成秘鲁的严重洪涝,非洲东南部、南亚及印度尼西亚的持续干旱。

南方涛动是指热带东太平洋地区与热带印度洋地区气压场反向变化的异常现象。

研究表明,两者关系密切,是大尺度海气作用的集中反映。

海洋科考船

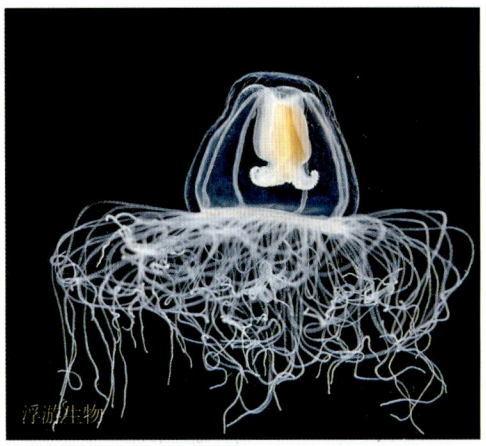

> 图9 海洋污着生物

> 图10 海底"黑烟囱"——热液系统

> 图8 海洋生物三大类群

第1章 人、海、船

海洋中的生物种类约20万种，其中有2万种植物，18万种动物。

依据海洋生物的生活习性、运动能力及所处海洋环境的不同，可分为浮游生物、游泳生物及底栖生物三大类群。

底栖生物中有一类称为海洋污着生物，通常指藤壶、苔虫、牡蛎、水螅、海鞘和某些藻类，它们附着于船底、浮标、水雷等水下设施表面，造成船体阻力增加、破坏船壳油漆导致锈蚀、损坏仪器、影响声学设备功能。一般通过涂防污漆的方式来减少它们的影响，但又要避免漆中物质对海洋的污染，为此国际船舶界已出版专门的《国际控制船舶有害防污底系统公约》来应对。

人们曾经认为终年不见阳光的漆黑海底不会有生命存在，然而20世纪70年代发现的海底热液生态系统彻底颠覆了人们的认知。这些温度高达三四百摄氏度的热液，就像海底的"黑烟囱"，其周围是高温、高压、重金属浓度极高的极端环境，这里竟然有生物群落！原来，这些生物并不依赖光合作用，它们与海底的微生物有新的合作，利用硫化微生物获取能量。

海洋生物资源非常丰富，但目前只开发利用了约500种，主要集中在渔业和海洋药物两大块。全世界陆地耕地面积所能

小贴士

浮游生物、游泳生物和底栖生物

浮游生物没有发达的运动器官，无游动能力或很弱，常悬浮水中随水移动；个体很小，须借助显微镜观察其结构，种类多、数量大、分布广，几乎世界各海域都有，比如蓝藻、硅藻、腔肠动物、轮形动物等。

游泳生物有发达的运动器官，能克服水阻力自由游动，大部能通过我们的眼睛看到，如鱼类、哺乳动物、头足类等。

底栖生物是栖息在潮间带、浅海及深海海底的生物，种类最多，包括了大多数海洋动物门类、大型海藻及海洋种子植物，如海带、紫菜、虾、蟹等。底栖动物种类远多于底栖植物。

> 图12 海洋生物

> 图11 南极磷虾

提供食物的总量加起来还不到海洋所能提供食物能力的千分之一。目前世界海洋捕捞和养殖的区域只占大洋面积的10%，绝大部分海域还是处女地。随着世界人口的膨胀，人类寄希望于海洋解决食物供应问题，希望可以进一步开发富饶的海洋生物资源。

矿产资源

丰富的矿产资源也是人类的巨大财富。海洋矿产资源种类繁多，按海洋环境和分布特征，有滨海砂矿、海底石油、磷钙石和海绿石、锰结核和富钴结壳、海底热液矿物、可燃冰等资源类型。

滨海砂矿开采方便、投资小，是人类开发最早的海底矿产资源。我们熟知的钻石，其90%产自滨海矿区。

> 图13　深海锰结核

海底石油储量为1 400亿～2 000亿吨，约占世界石油可采储量的45%。其中波斯湾是海洋石油储量最丰富的地区，已探明储量120多亿吨，约占世界海洋石油总探明储量的一半。

锰结核和富钴结壳储量巨大，被称为最有开发前景的深海矿产资源，其中的锰储量是陆地上的180倍，钴是1 450倍，铜是22倍，镍是150倍。

海底热液矿物是一种富含铜、铅、锌、金、银、锰、铁等多种金属元素的新型矿产资源，是21世纪最有希望被率先开发的资源。

还有一种天然气水合物（natural gas hydrate），是由碳氢气体和水分子结合而成的冰晶状固体化合物，分布于深海沉积物或陆域的永久冻土中。因其外观像冰一样，而且遇火即可燃烧，所以又被称作可燃冰（combustible ice），或者固体瓦斯和气冰。虽然发现较晚，但开发利用前景广阔。能形成天然气水合物的海域约占世界海洋总面积的10%，其预估的储量是世界天然气探明储量的10多倍。据称，1立方米的天然气水合物分解后可以生成164～180立方米的天然气，被誉为"高效清洁能源"和21世纪的"绿色能源"，有望成为人类的新型能源。

我国已设计开发成功专业的综合地质调查船"海洋六"号，并且在2017年利用"蓝鲸1"号钻井平台完成天然气水合物的首次试采并取得圆满成功。

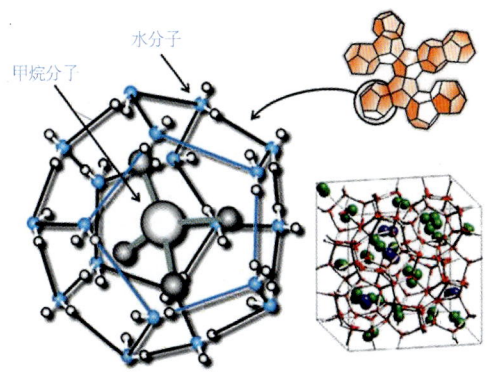

> 图14　天然气水合物分子

> 图15　"海洋六号"综合地质调查船

> 图16 "蓝鲸1号"钻井平台

 化学资源

主要是指从海洋水体、生物及海底沉积物中开发利用的化学资源。海洋虽然溶解了很多化学元素，但大多数组分的含量很低，提取难度大。有经济价值的仅集中在其中含量较丰富的几类化学元素。常见的有海水制盐及卤水综合利用，海水制镁、制溴、提铀、提碘等。

还有就是通过海洋获取淡水资源，一方面是从漂浮在南极、北极的冰山上直接获得淡水；另一方面则利用海水制淡。海水淡化技术在20世纪50年代得到迅速发展，已成为重要的海洋资源开发技术。发展成熟的海水淡化方法可分为蒸发法、膜分离法和冷冻法三种，前两种方法也是海洋科考船上普遍采用的海水制淡方式。

 动力资源

海水运动产生的波浪能、海流能，以及温度、盐度变化产生的温差能、盐差能等，这些能源虽然存在能量分布不均匀、不稳定和能量密度低的缺点，但因蕴藏量大、可再生，是人们目前重点研究的资源利用方向。较有应用前景的是潮汐发电。

第1章 人、海、船

空间资源

空间资源是指与海洋开发利用有关的海洋各地理区域的总称。可将海面、海中和海底空间用作交通、生产、储藏、军事、居住和娱乐场所，包括海运、海岸工程、海洋工程、临海工业场地、海上机场、海上仓库和基地、海上运动、旅游、休闲娱乐等。空间资源利用是人类最先发现和最早利用的海洋资源。

> 图17 海上渔场

探索海洋的历史

古代人类在生产活动中不断积累海洋知识，这些认知早期伴随各种与海洋有关的神话。

几乎所有民族都有关于海洋的神话，这些神话和传说是反映先人生活和认知的一面镜子，折射出古人的智慧闪光。我国有夸父追日、精卫填海、八仙过海、哪吒闹海、海上妈祖传说等神话。欧洲有美人鱼传说和海神波塞冬等。

古代科学技术不发达，人们对于海洋的认识基于不充分的观察，而这些认识反映了当时人们的一些直观和简陋的海洋学知识。虽不够科学，但不乏出色和精彩之处。

> 图18 哪吒闹海

> 图19 海神波塞冬

《气象学》中记载了潮汐现象；古希腊皮西亚斯发现了潮汐与月球的关系。公元1世纪，中国王充明确地指出潮汐同月相的相关性。公元8世纪，中国窦叔蒙在《海涛志》中建立了现知世界上最早根据月球位置推算出每月和每天高、低潮的图解表。

海洋生物知识也随之增长，如公元前4世纪，亚里士多德在《动物志》中记载了爱琴海多达170多种动物；公元前2—前1世纪，中国的《尔雅》除记有海洋动物外，还出现了关于海藻的记载。

大航海时代

伴随着15世纪资本主义的兴起，对海洋的了解进一步加深。从15世纪到18

早期海洋科考

早期人类主要是利用海洋的生物资源和空间资源，他们从海洋中捕鱼，通过海水制盐，依靠海路航行进行通商和交通，逐渐注意到对海洋的探索和考察。

公元前7—公元前6世纪，古希腊的泰勒斯指出，水乃万物之源，大地漂浮于广大海水之上。

公元前2000—公元前1000年，腓尼基人利用太阳和行星的位置确定方位，开辟了从直布罗陀海峡至大西洋的航线，发现了加纳利群岛。公元前5世纪，出现了以地中海为中心的地图。

公元前4世纪，古希腊亚里士多德在

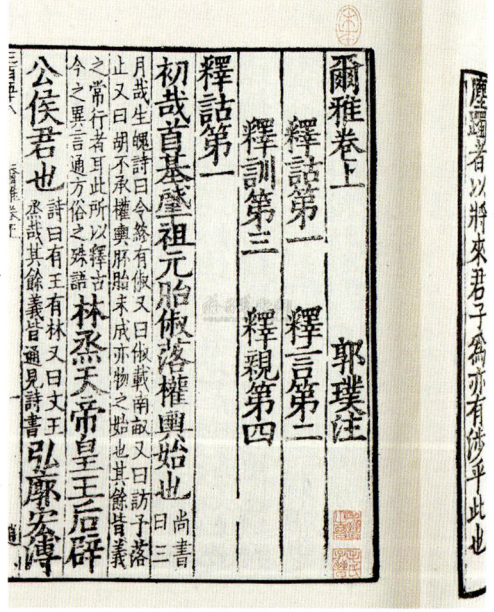

> 图20 最早出现海藻记载的《尔雅》

第1章　人、海、船　15

> 图21　地理大发现时期的西班牙大帆船

上拉开了海洋科学考察的序幕。

詹姆斯·库克是继哥伦布之后在地理学上发现最多的人,并进行了最早的海洋科学考察。南半球的海陆轮廓很大部分是由他发现的。1772—1775年,他首先完成了环南极航行,探索了南极冰圈的范围。他在海上精确地测量经纬度,取得了大量表层水温、海流、大洋测深及珊瑚礁等科学考察资料。英国在进入21世纪后,还将一艘新建的综合科考船命名为"詹姆斯·库克"号(JAMES COOK),足见英国人对这位伟大探险家的认可。

这一时期的很多科技成就,对海洋科学的影响是巨大而深远的。

世纪,欧洲进入了"大航海时代",又称"地理大发现"。此一阶段,欧洲船队为开辟新的贸易路线而出现在世界各处的海洋上,此时的海洋知识以远航探险等活动所记述的全球海陆分布及海洋自然地理概况为主。

如1488年,B.迪亚斯最先发现好望角,并绕过非洲南端进入印度洋。哥伦布于1492—1504年4次横渡大西洋到达南美洲。葡萄牙人麦哲伦于1519—1522年完成人类首次环球航行。

这些航海活动在扩大、丰富海洋地理知识的同时,也或多或少做了一些有关洋流、风系等的科学考察工作,但直到英国人詹姆斯·库克的航海探险才算真正意义

> 图22　纪念詹姆斯·库克和他的海洋科学考察的邮票

海流研究方面

1497年,意大利的卡博特发现了拉布拉多寒流;1513年,西班牙的阿拉米诺斯发现了墨西哥湾流;1595年,荷兰的

范·林斯霍特编成了最早的航海志；1686年，英国的哈雷系统研究了主要风系与主要海流的关系，并阐述了海洋蒸发现象；1770年，美国的富兰克林绘制并出版了墨西哥湾流图；1799年，德国的洪堡发现了秘鲁海流等。

海洋潮汐研究方面

1687年，英国牛顿利用引力定律解释潮汐现象，奠定了海洋潮汐研究的基础；1740年，瑞士伯努利提出平衡潮学说；1775年，法国拉普拉斯创立潮汐动力学理论等。

海洋生物研究方面

1551年，法国贝隆等人解剖了海豚；1596年，中国屠本畯撰写了海洋水产动物志《闽中海错疏》；1674年，荷兰列文虎克最先发现了海洋原生动物；1685年，英国利斯特出版《贝类学大纲》；1754年和1758年，瑞典林奈出版了《植物种志》和《自然系统》，奠定了动、植物分类学的科学基础。

海图方面

有中国的《郑和航海图》；哥伦布的部下科萨绘制的美洲海图；1521年出现了与现代海陆分布相近的世界海图；1569年墨卡托发明航海制图的圆柱投影法；1678年出版了印度洋海洋图；1737年出现了海底等深线图；1744年陈伦炯在《海国闻见录》中附有一张中国沿海全图。

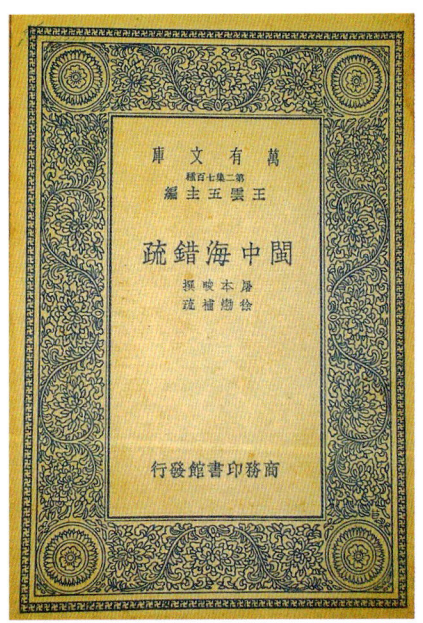

> 图23 《闽中海错疏》

> 图24 《海国闻见录》

海洋化学方面

1670年，英国玻意耳研究了海水中盐度与密度关系，开创了海洋化学的研究；1772年，法国拉瓦锡首先测定了海水成

> 图25 郑和航海图

扫码查看完整郑和航海图

年代出版了《欧洲海的自然史》，美国人莫里1855年出版了《海洋自然地理学》，英国人达尔文1859年出版了《物种起源》。

> 图26 《物种起源》英文版

分，发现水是氢和氧的化合物。

这一时期也先后发明了一些海洋研究的仪器和工具，如自动记录最低温度深海水温计、测深仪、采水器和最低最高温度计等。

科学海洋时代

19世纪初至20世纪中叶这一阶段，是海洋知识逐步获取和累积的时期，其特点既表现在海洋探险逐渐转向为对海洋的综合考察，更为重要的标志是海洋学相关研究的深化、研究成果的众多和理论体系的形成。

英国人福布斯在19世纪40年代至50

海洋地质学方面

默里于1891年出版了《深海沉积》。

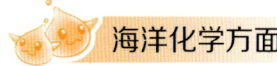
海洋化学方面

迪特玛于1884年证实了海水主要溶解

组分之间的恒定比例关系。

海洋物理方面

桑德斯特朗和海兰汉森于1903年提出深海海流的动力学计算方法，埃克曼于1905年提出漂流理论。摩纳哥阿尔贝大公一世1904年发表《大洋水深图》，埃克曼1905年提出风海流理论，韦格纳1912年提出大陆漂移说，霍姆斯1929年提出地幔对流说，尤因1935年首次进行海洋地震测量，埃克曼1935年发表《海洋动物地理学》，雅科布森和克努曾1937年提出海水氯度新定义，赫斯1946年发现海底平顶山，佐贝尔1946年出版《海洋微生物学》，斯韦尔德鲁普1947年提出大洋环流理论，施托梅尔1948年提出西部边界流理论，谢泼德1948年发表《海底地质学》，蒙克1950提出大洋漂流理论等。

海洋科学建立的标志，是斯韦尔德鲁普、约翰逊和福莱明合著的《海洋》(The

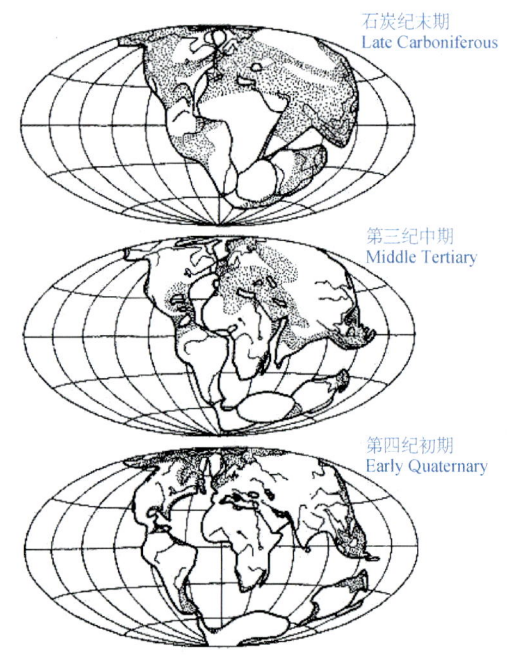

> 图27 韦格纳"大陆漂移说"图示

Oceans）一书的出版，这是一本海洋学集大成的学术著作，对海洋科学的发展和研究给出了全面、系统、深入的总结。

科考船的出现

海洋自古以来就对人类社会的发展历程有着重要影响，人类文明不断前进的脚步中离不开海洋。我们可以看到人类有着丰富而精彩的探索海洋的历史。从我国明代郑和的七下西洋、清代聂璜编纂古代海洋生物图鉴

> 图28 "挑战者"号

《海错图》，到意大利哥伦布发现美洲新大陆，1872年世界公认最早的海洋综合科考船——英国的"挑战者"号完成世界首次环球海洋科学考察。利用海洋生物资源和空间资源，从海洋捕鱼，通过海水制盐，依靠海路航行进行通商和交通……人类在利用海洋的同时，开始逐渐注意到对海洋的探索和考察。

在绝大部分海上航行的船舶类型中，它们只是利用海水作为载体而实现某一特定功能，海洋往往仅起着运输通道的作用，人们需要关心的主要是海洋环境对船舶航行的影响。

因为人类并不是居住于海洋中，所以对海洋的研究很大程度上依赖于先进的各类仪器和设备，海洋科考船是其中应用最广泛的一种。海洋科考船是研究、认识海洋的必要工具，科学家通过海洋科考船在海上获得有关海洋的第一手资料，调查研究海洋水文、地质、气象、生物等现象和海底资源。海洋科考船相当于海上的移动实验室，是海洋探索与研究不可或缺的工具。

第2章
走进科考船

第一眼的感觉
吨位和外观

船舶的种类有很多种，大小差别很大，小至独木舟，大可至排水量几十万吨的矿砂运输船。那么科考船是处于什么级别呢？

在船舶设计中，衡量船舶大小常用吨位和排水量这两个概念。科考船既不是大型油船、散货船、集装箱船那样的"巨人族"，也不是内河渔船、巡逻艇那样的"小矮人"。它的排水量一般在几百到几万吨，吨位与排水量相差不大，这主要是因为它的体格比较匀称，水上和水下的容积比例适

> 图29 "嘉庚"号的水上部分

> 图30 "嘉庚"号水上水下全貌

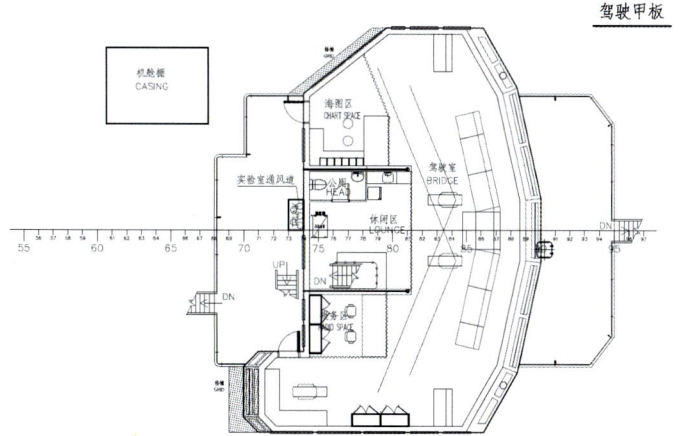

> 图31 "嘉庚"号驾驶室平面设计图

当。站在它的面前,你既不会有见到庞然大物那样的压迫感,也不会有"一脚踩上去会不会翻掉"的担心,它给你的感觉刚刚好。

再来看看它的外观。由于船舶基本都处于浮在水中的状态,所以一般我们看到的都是它的水上部分,要想看到它的全貌,得在它主体结构建造完成、下水前的那一刻。下面以厦门大学2017年建成交付的"嘉庚号"为例进行介绍。

科考船的水上部分一般呈现中间高、两头低。

最高的是驾驶室,也就是船舶驾驶员操纵船舶的地方,站得高、望得远,船舶沿什么航线、用多快的速度航行、如何转弯、是否要后退,都是从这里发出的指令。

对于一般的船舶来说,驾驶室只有前面和两舷设有窗户,后面一般被其他舱室挡住,驾驶员操船时一般只需往前看,适当注意左右舷即可。科考船特殊的一点在于,它的驾驶室是全通的,四面八方全是玻璃,或许你会说:真是一点也不注意自己的隐私啊,但其实它是有自己的苦衷的,因为它要经常往后看,为什么?

因为科考船很多的科考探测作业都是在艉部完成的,为了更安全地完成科考任务,驾驶员不得不经常向后看。甚至为此在艉部作业甲板区域附近增加了专门的艉作业操控室,用于操控支撑和绞车系统的集中控

吨位和排水量

吨位是"容积"的概念,是船舶大小的一种度量。总吨位是船舶按一定规则丈量的船舶总容积,用于表示船舶的大小,以及用作船舶登记、检验和收取进坞费、托运费等的依据。其丈量空间,包括船上所有有固定围蔽处所的容积。从总吨位中减去不能用于载运客货的容积后的船舶有效容积则为净吨位。15世纪在英法之间有很多商船从事酒的贸易。英国人为便于课税,曾以一定规格的酒桶数表示船舶吨位数。国际海事组织制定了《1969年国际船舶吨位丈量公约》,于1994年全面生效。

排水量是"重量"的概念,就是排开水的质量,被排开水的重量等于浮力。排水量也是船舶尺度大小的重要指标。

> 图32 "嘉庚"号驾驶室前视图

制,保证科考作业的安全性。

两头低而宽敞的区域,是科考船的艏艉露天甲板,它们都有各自的重要功能,是室外作业的主要平台。

艏部露天甲板经常设有锚泊装置、直升机起降或悬停位置、科考集装箱、小型绞车或吊机。最前端经常竖起一根柱子,有的柱子顶端挑起一个小型平台,远看就像船的大鼻子一样。这个"鼻子"上安装有测量气象或海洋与大气信息交换量的仪器,之所以要放在船舶的最前端,是因为船舶在航行过程中,这个地方的气流受船舶的影响最小,保证了测量数据的准确性。

艉部露天甲板,上面分布有各类吊机、门架或卷车,它们就像科考船的机械手一样,负责将探测仪器安全地放入水中,尤其是对于那些需要经常向水里投放各种仪器的综合科考船,艉部工作甲板是名副其实的"舞台中心",有着极高的曝光量。

如果细看的话,你会发现很多科考船的甲板上长满了"麻子",它们按一定的距离设置,分布得很均匀,俗称"地脚螺栓",是一个个嵌在船体里的螺栓底座。可能你会觉得它们的存在似乎影响了科考

> 图33 "嘉庚"号艉艉甲板

船的美观性，但实际它们的作用却很大！因为它们作为科考仪器的临时系固点，可以用来安装、固定、绑扎临时的科考仪器设备，正是它们的存在，即使在大风浪中，船上的科考仪器也可以稳如泰山。

科考船是一个"爱美人士"，喜欢"涂脂抹粉"，在水面附近的船体舷侧、烟囱侧面、驾驶室顶部、主要仪器处，经常装饰有特殊的颜色或符号，造成了视觉跳跃感或制造了额外的视觉焦点。这些颜色或符号就像部落的图腾一样，是用船单位的特征色或特征标志，既彰显了用船单位的特色文化，有时也起到了宣传作用。不同色彩的搭配可造成不同的主观印象。

在科考船的外观装饰上，西方国家比东方国家更活泼热烈，用色方面也更大胆，典型的如德国新"太阳"号，这艘船舶的外观就综合运用了飘带、装饰色、标

> 图34 工作甲板上的地脚螺栓

志等多种手段：主色是黑色和红色，舷侧为黑色，烟囱、甲板吊机、驾驶室顶部、救生艇为红色，艏部饰有德国国旗的三色飘带，船艏最前端有"太阳"标志。

> 图35 德国新"太阳"号外观

标致的面容

艏部线型

对于一艘船来说，曝光量最大的是它的水上部分，其实水下部分才是船舶设计中最为关键的内容，这部分称为"线型"，也就是船的水下外壳长什么样子。

虽然大部分时间埋于水中，几乎从不抛头露面，线型却是名副其实的默默奉献者。对于船舶设计师来说，线型的设计跟船跑得是否快、在水中是否足够稳当、姿态是否好、能否经得起风浪考验密切相关，而这些性能对线型的要求经常是互相矛盾的，比如跑得快的船舶，一般是瘦长型的，瘦成竹竿子肯定比胖成矮冬瓜占优势，但如果想在水中稳当并增强抵抗大风浪冲击的能力，一般横向越胖越好，虎背熊腰比蜂腰削背占优势。

在科考船界，"审美"有点反其道而行，早期以"瘦"为美，追求跑得快，因为那个时候的科考船，很多都是跟在速度很快的军舰后面，常常因为某项国家安全任务而联合行动。后来军事色彩逐渐淡化，科考船也开始"单打独斗"，为了更好地给船上科考设备提供支撑，船宽越来越胖，速度也慢了下来，逐渐变成了以"胖"为美，这样的直接好处就是海上作业时更加平稳。

第2章 走进科考船

对于科考船来说，艏部的线型尤为重要。

一方面，艏部线型也关系到船是否跑得快。我们看到一条船在水中航行时，船身周围经常会兴起一道道箭状的波纹，在船后留下一条长长的"尾巴"。这些波纹似乎很美丽，但却是船舶设计师们努力想消除掉的，因为激起这些波纹会消耗船体的能量，浪费额外的能源。

船舶设计师们对怎样提高船舶的速度可谓伤透了脑筋，想尽了各种办法，其中一个比较有效的办法就是增加球鼻艏，在船的水下部分最前面增加一个向前突出的球状大鼻子，这个大鼻子可以抵消掉部分船体本身兴起的波浪，减少了船舶前行时的阻力，降低了能量的耗散。但是这个办法也只对部分航速起作用，航速太低或太高，球鼻艏将失去它的作用，甚至起到反作用。

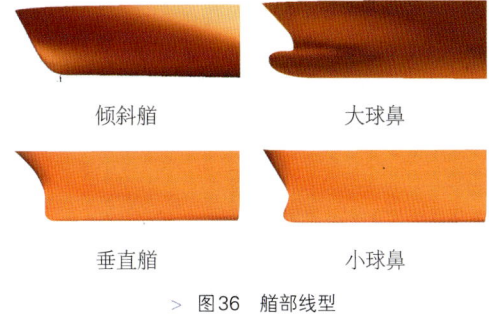

| 倾斜艏 | 大球鼻 |
| 垂直艏 | 小球鼻 |

> 图36 艏部线型

> 图37 "海洋六号"的球鼻艏

另一方面，艏部线型还关系到科考船的秘密武器——声学设备能否正常使用。在水下，因为电磁波的衰减很快，信息的传递主要依靠声波，而发射和接收这些声信号的仪器就是各种各样的声学设备。它们就像调频广播一样，有着不同的频率，可以"看到"水下不同距离的物体，原理跟蝙蝠在空气中的回声定位一样，只不过换成了水中。

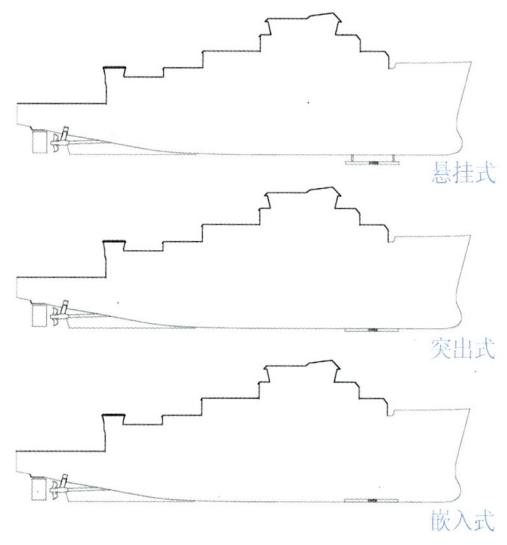

> 图39　三种方法对比

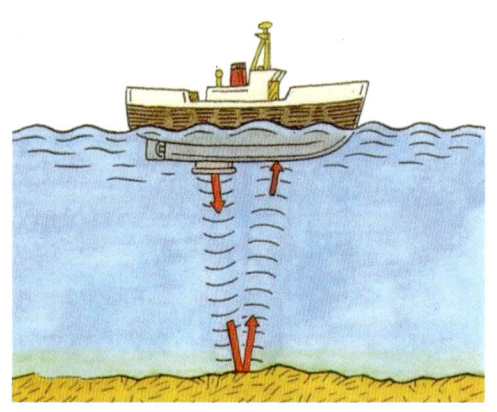

> 图38　发射、接收声波示意图

为了减少船舶前行过程中的干扰，声学设备一般"躲"在船体底部最前端。由于船舶在风浪中容易前后颠簸，艏部经常性地出入水，极易把水面附近的气泡带入船体底部，而气泡几乎就是科考船声学设备的"天敌"，气泡会模糊声学设备的"眼睛"，由于气泡对声学信号的反射和折射，就像眼镜上蒙上了一层水汽一样，导致声学设备无法看清。

怎样解决这个问题呢？聪明的船舶设计师们想出了三个办法：

第一种办法称为"悬挂式"

"悬挂式"是把声学设备以悬挂的方式伸到船底之下以避开气泡，就像大鱼的肚皮上吸着一条小鱼，但这样带来的坏处是增加了船舶的吃水，同时航行时的阻力也大大增加，简直就是"拖油瓶"。

第二种办法称为"突出式"

为了改善悬挂式对阻力和吃水的不利影响，设计师们不得不将悬挂的声学设备适当内收，只在主船体上略有凸起，就像在船的底壳上长了几个鼓包一样。

第三种办法称为"嵌入式"

由于突出式对船的阻力还是有所增加，设计师们想出了最后一个办法，将声学设备彻底埋入船体内，同时把船体底部以上的线型内凹，引导气泡下泄至声学设备以外的区域。

第2章 走进科考船

29

> 图40 各种声学设备在艏部的安装方式
（左上：悬挂式，左下：突出式，右：嵌入式）

强健的体格
船体结构

对于陆地上的建筑物来说，它使用的材料是丰富多样的，有夯土、水泥、黄砂、钢筋或者木材等。作为水上的建筑物——船，它的支撑结构是怎样的呢？对于内河航行的船来说，木材和水泥、玻璃钢等是常用的材料。可是一到海上，由于要经受大风大浪的考验，船体材料一般只能选择结实的金属，主要是钢材和铝合金。科考船主要使用钢材，部分用铝合金，还有钢铝混着用的。

就像人体支撑肌肉和脏器的骨骼一样，船体结构也是支撑船上各种设备和抵抗外力冲击的"骨骼"，由一系列的板材和型材组成，它们之间相互连接又相互支持，整个船体形成一个刚性的焊接结构。

板材是一片片的钢板，厚度从几个毫米到几十个毫米，对于庞大的船体外板来说，它并不是一块整的钢板，因为这么大的钢板无法加工，只能把很多小的板材利用焊接拼到一起，同时外观看起来又要像一整张钢板一样，达到"天衣无缝"的效果，这十分考验船舶建造工人的技术。

型材是把金属通过轧制、挤压、铸造、焊接等工艺制成横剖面具有一定几何形状的结构单元，常见的有方钢、扁钢、圆钢、槽型钢、T型材等，型材一般紧贴在板材背面，按一定间距设置，它们是板材强有力的"后盾"，在板材受力时可以防止其变形。

一般船舶的骨架形式可分为两种，沿船长方向构件分布密集的称为纵骨架式，沿船宽方向密集的称为横骨架式。科考船上经常采用的是混合骨架

> 图41 板材

> 图42 型材

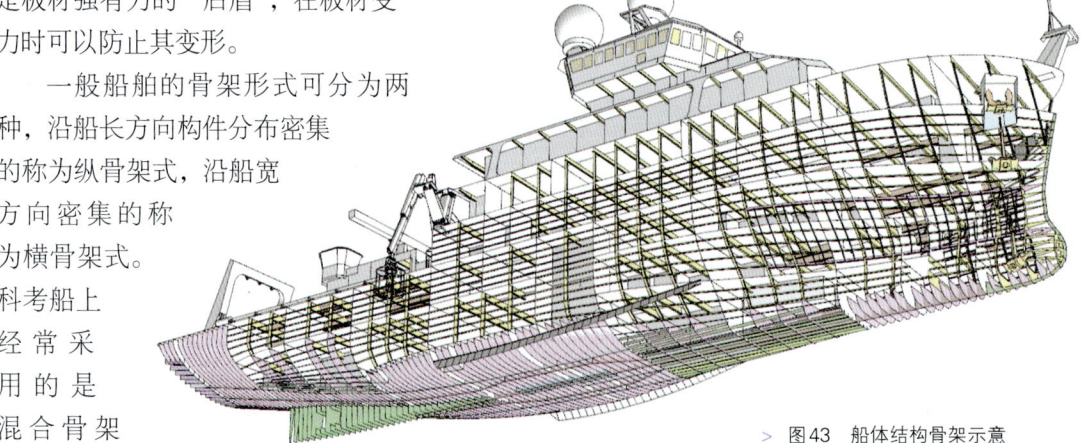
> 图43 船体结构骨架示意

式，在船体受力比较集中的艏艉部和机舱区域采用横骨架式，舷侧和水上部分的居住、工作处所采用纵骨架式。

有时为了增加结构强度，就像给金刚狼的骨骼注入艾德曼金属一样，船上也会使用一种叫"高强度钢"的钢材，它比普通钢材更轻更耐拉伸，合理应用可使船舶"脱胎换骨"。

由于科考船经常处于"说走就走"的状态，而且科考作业的海域也很不固定，为了取得目标海域的科考数据，无论什么天气和海况也要前往，所以练就一身过硬本领是关键，船体结构的安全性尤为重要。否则的话，轻则鼻青脸肿——船体变形，重则折腰而亡——船体从中部折断沉没。

有力的心脏

推进系统

船舶能在水中前行、转弯、后退各种运动，动力来自哪呢？

这要归功于内燃机的发明，它是一种热力发动机，通过燃料在机器内部燃烧，将其释放的热能直接转换为动力，是一种把化学能转化为机械能的装置。与另外两种动力机械——风力机械和水力机械相比，内燃机具有热效率高、功率和转速范围广、机动性好、配套方便的优点，因而获得了广泛的应用。环顾你的周围，各种汽车、农业机械、工程机械，还有船舶、小型飞机等都用内燃机来推进。世界上内燃机的保有量在动力机械中居于首位，在人类活动中占有非常重要的地位。

船舶更是离不开内燃机。内燃机就像

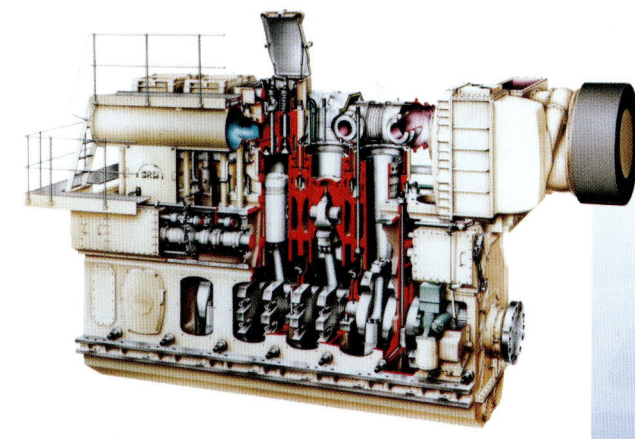

> 图44 内燃机

船的心脏一样，给船的各种运动提供源源不断的动力。对于大部分的船来说，通过燃烧燃料把其中蕴含的化学能直接转化为轴回转运动的机械能，通过驱动螺旋桨等推进器推船前进。但是这种推进方式仅仅适合于常年以基本恒定速度运动的船舶，因为一般的内燃机有个特点，它承受不了外界载荷大范围的变动，如果船舶速度一会儿快一会儿慢，内燃机的效率就会下降，耗油量增加，自身损耗也会加大。

的，那如何是好呢？

聪明的人类想出了电力推进来解决这一难题。在内燃机后面接一个发电机，再在发电机后接一个推进电机，然后再通过轴与推进器连接，这样能量经由化学能转化为机械能，再转化为电能，然后再转化为机械能推船前进，可见中间多了电能转化这一环节，因此称为电力推进。

可能你会有疑问，多了这个转化会不会造成额外的能源损失？是的。这样的确会造成损耗，但是好处就在于这样就像加了一道缓冲一样，因为电动机适应外界工况变化的能力可比内燃机强多了，它就像金庸笔下的内功高手一样，一般的外界载荷冲击根本耐它不得，所以它对大风浪的适应能力特别强。

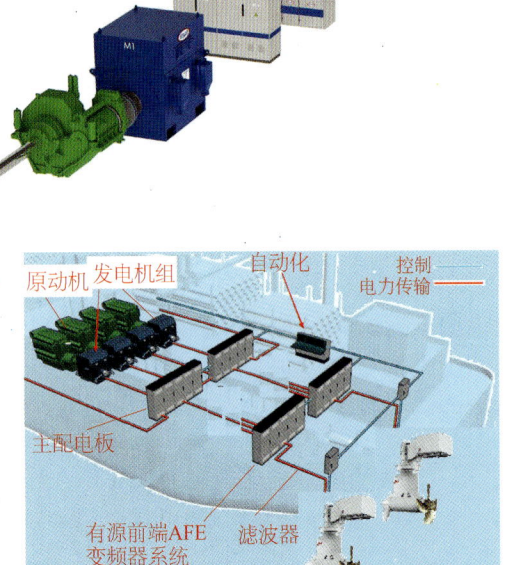

> 图45 电力推进系统（上）与传统柴油机推进（下）的对比

另外，除了提供推船前进的动力外，船上其他的用电如空调、照明、厨房设备等，也都可以从发电机处获取电能，人们为此还专门给这套系统配了个"管家"——功率管理系统，它可以根据外界载荷的变化决定哪台发电机组暂时休息一下，保证投入工作的机组有着良好的状态。如果考虑科考船所有可能遇到的工况，电力推进系统整体上更加节能。

偏偏科考船是一种很不"安分"的船舶，它的作业工况特别多，既有类似百米冲刺的高速航行，也有慢如蜗牛的拖曳工况，这种多变的工况，内燃机是吃不消

随着电力推进技术的发展，出现了一种全电力电池船，这种船上没有了内燃机的踪影，所有的用电设备都由大型电池组提供。船舶会在出航前先在码头利用陆地上的电站将电池充满电。但是受制于电池技术的瓶颈，这种船的耐久力不够，所以跑得不会很远，目前仅在部分内河及沿海

的小型船上有小范围应用。

此外，部分科考船正在尝试采用氢燃料电池作为动力，目前尚处于技术发展的初期。

麻利的腿脚
推进器

推进器就像船舶的脚一样，把旋转的机械能转化为推船前进的动能。相对于普通商船，科考船因为电力推进系统的应用，并且因其复杂多变的工况，在不同推进器类型方面的选用上显得更灵活。

推进器按日常承担的工作量来区分的话，可以分为主要推进器和辅助推进器。

主要推进器一般位于船舶的艉部，辅助推进器则一般位于侧面或底部。平时大部分的船舶运动均由主要推进器完成，仅在进入港口或对操纵性能有高要求的场合，辅助推进器才发挥作用，其他时间辅助推进器都处于"蛰伏"状态。大部分的

> 图46 传统螺旋桨

商船只靠一个主要推进器,也就是靠一条腿走路,但科考船的主要推进器一般有两个,两条腿的好处就是非常灵活,转弯、后退来得更容易些。

科考船的主要推进器一般均为螺旋桨形式。螺旋桨就像我们生活中常见的电风扇叶片一样,叶片在旋转过程中会产生向后的推力,这是科考船中最常见的一种推进器。他最大的优点就是工作效率高,吸收同样的能量却能发出最大的推力。螺旋桨是推进器中的元老级人物了,人类发明他以后,还暂时没找到比他更优秀的替代品。

根据螺旋桨与推力传递轴的位置关系,可分为传统轴桨、吊舱推进器以及全回转舵桨推进器。

 传统螺旋桨

传统螺旋桨就像我们生活中常见的电风扇叶片一样,叶片在旋转过程中会产生向后的推力,这是科考船最常见的一种推进器。它最大的优点就是工作效率高,吸收同样的能量却能发出最大的推力。螺旋桨是推进器中的元老级人物了,人类发明它以后,还暂时没找到比它更优秀的替代品。螺旋桨的弱点在于它只能朝一个方向发出推力,在传统的内燃机-轴-桨的推进模式中,如果船舶想实现转弯,必须增加舵,靠舵来增加一个横向的力使船回转。螺旋桨和舵就像一对形影不离的好兄弟一样,常年互相搭台唱戏。

> 图47 传统螺旋桨+舵

第2章　走进科考船

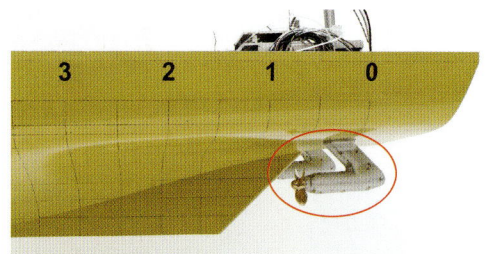

> 图48　吊舱推进器（船模）

在电力推进系统发明后，由于推进电机的布置位置没有特殊要求，想放哪就放哪，人们又想到了把螺旋桨和转向齿轮结合的方式来解决如何向各个方向发出推力的问题。

吊舱推进器

如果推进电机和螺旋桨位于水中，转

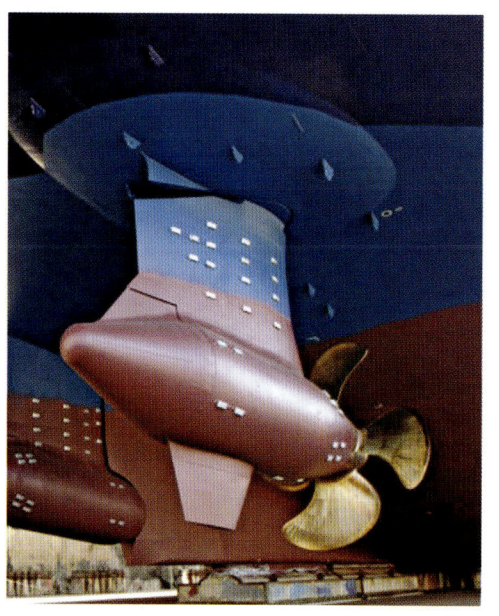

> 图49　吊舱推进器（实船）

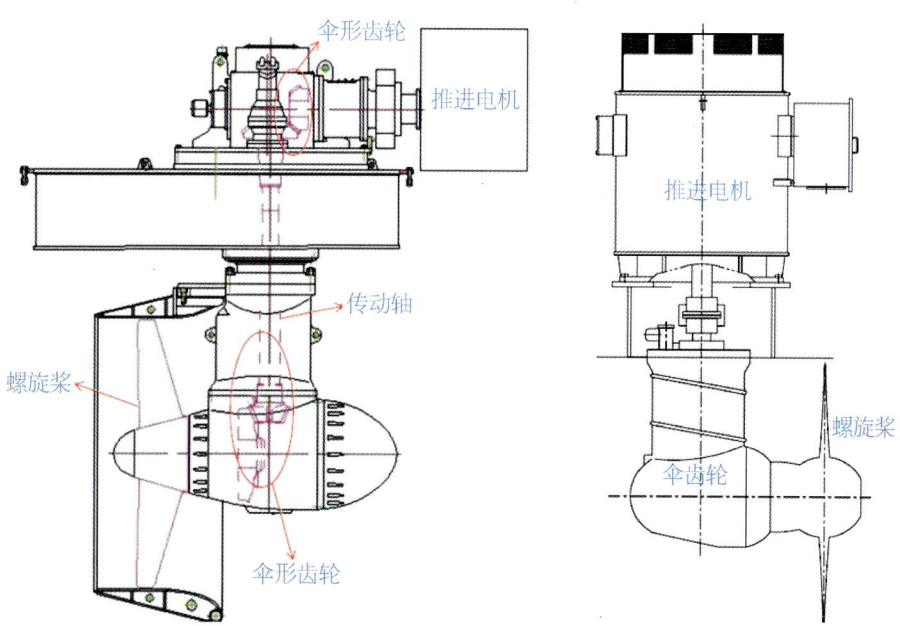

> 图50　Z型推进器（左）和L型推进器（右）

向齿轮位于船内的话,这种推进器叫吊舱推进器——推进器安装在一个吊在水中的小舱内,小舱可通过转向齿轮实现360度旋转,因而可以发出各个方向的推力。吊舱因为其结构简单、转向方便,且由于推进电机位于水中,对船的振动和舱室噪声影响较小,目前在电力推进的科考船中应用越来越广泛。当然吊舱可能不太讨水中生物的喜欢,由于电机运转过程中产生的振动和噪声让它显得有点"吵闹",导致水下辐射噪声比传统轴桨方式略大。

全回转舵桨推进器

如果将推进电机挪到船肚子内,只把螺旋桨放到水下,转向齿轮放到推进电机和螺旋桨之间的话,这种推进器叫全回转舵桨推进器。根据推进电机在船内是立着的还是卧着的,分别称为L型推进器和Z型推进器。字母L和Z形象地反映了推进电机和螺旋桨之间轴的数量和相互关系,L型说明只有2根轴,轴之间成直角;Z型说明有3根轴,上下两根轴互相平行,与中间的轴垂直。

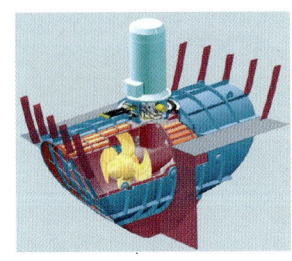
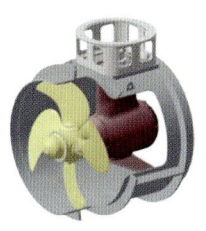

> 图52 槽道式侧向推进器

全回转舵桨也可以实现360度旋转,外形看起来跟吊舱桨很相似,差别在于其内部构造,由于采用了更多的伞形齿轮来实现不同角度之间轴的传动,它的结构显得更复杂,需要船员们更精心的呵护。L型推进器经常作为辅助推进器使用,一般安装于海洋科考船的艏部,为了减少其对船舶吃水的影响,在不使用时,很多艏部的全回转L型推进器可以藏于船体内部,称为伸缩式推进器。伸缩方式常见的有两种,套筒式的上下伸缩和折叠式的前后伸缩。

如果将L型推进器去掉转向齿轮后固定安装于船体内部,即在船体左右挖一个贯穿左右的洞,推进器置于当中,此时称为"槽道式侧向推进器",这种推进器没

> 图51 伸缩式推进器(左:上下伸缩式,右:折叠式)

有转向齿轮,产生的推力也只能沿槽道方向,其操纵性受限。

轮缘推进器

由于槽道式侧向推进器是由电机驱动齿轮机械传动的,噪声较大,人们又发明了一种轮缘推进器,将永磁电动机集成在螺旋桨圆周框架上(传统侧推的电机一般竖在螺旋桨上方),螺旋桨叶片与圆周框架固定(而不是传统的与轴固定),随框架旋转。这种推进器最大的好处就是其极低的振动和噪声,而且节省安装空间,推力均匀。

喷水推进器

我们再来认识一种喷水推进器。人们在了解到水泵的作用后,就开始把它移植到船上来做推进用,利用喷射出的水流产生的反作用力推船前进。一般由水泵、管道、吸口和喷口等组成,通过喷口改变水流的喷射方向来实现对船舶的操纵。

喷水推进器在低速时的效率较低,一般应用于航速30节(节是船舶速度单位,1节约等于0.514 4米每秒)以上的高速船,这限制了它在科考船上的应用,一般不会把它做主要推进器来使用,它的应用场合

> 图53 轮缘推进器

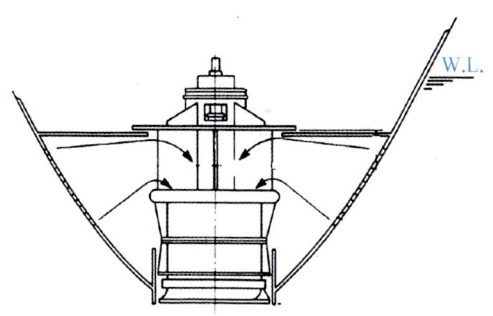

> 图55 喷水推进原理图

> 图54 轮缘推进器的安装

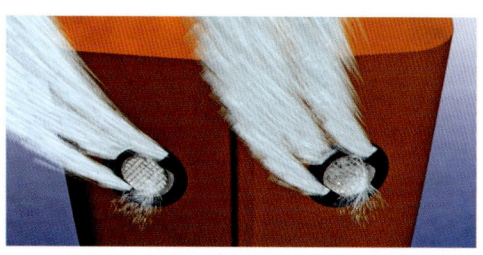

> 图56 喷水侧推仿真模拟效果

是作为辅助推进器，一般在科考船船艏侧面会发现它的身影。

还有一类不太常见的推进器称为直叶桨推进器，又称为竖轴推进器，这类桨的叶片是直的，跟传统的螺旋桨中扭曲的叶片差别很大。在电力推进系统中应用较少。

动力定位系统

主要推进器和辅助推进器也有协同作战特别紧密的时候，此时它们统一受一种叫"动力定位系统"的指挥。

科考船依据作业任务的不同，在海上的定位主要分为两种，一种是定在某个点，还有一种是沿着某条轨迹线。一般的船舶在海上定位靠的是锚泊系统，常见的是在艏部设两个锚，当海况恶劣时，锚爪抓到海底，可以把船"系"在原位，但是这种定位有个缺点：定位很不牢靠，船舶会随着锚爪摆动！为此，有的船舶（尤其是海洋平台）会在两舷、艉部再放几个锚下去，就像"八爪鱼"一样，通过增加锚的数量来减小摆动幅度。

即使这样，这种定位还是不够准确。于是出现了前面提到的"动力定位系统"，它的主要原理是利用计算机采集船舶周围的风、浪、流等环境参数，根据位置参照系统提供的位置，自动计算并控制各推进器推力大小，抵消外力作用，从而使船舶"纹丝不动"。动力定位系统就像金庸小说中慕容复的"斗转星移"一样，把船舶受到的环境作用力

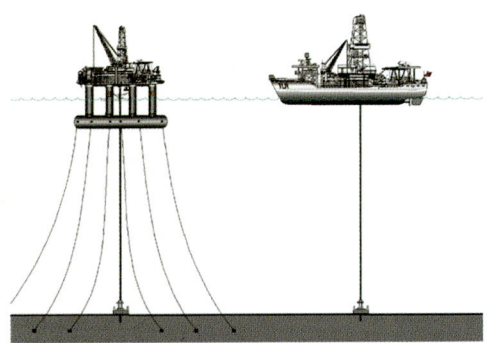

> 图57 锚泊定位

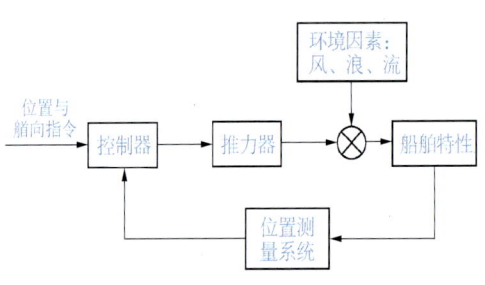

> 图58 动力定位原理

"以彼之道还施彼身"。此时的主要推进器和辅助推进器通力合作，共同抵抗外力。

采用动力定位时，不需要抛锚，这不

仅减少了复杂的抛锚工序,而且工作的水深亦不受锚链长度的限制,甚至可以在水深大于1 000米以上的海上进行工作。

动力定位也是分等级的,一般可分为三级。例如中国船级社根据动力定位系统不同的冗余度将动力定位等级分为DP1、DP2、DP3三级,其中DP3等级最高。"修炼"至最高级别时,即使"缺胳膊断腿"(比如某个主要推进器损坏,或计算机系统崩溃),它的深厚"功力"仍可以对抗外力作用,船的定位能力一点也不受影响。

对于需频繁定位的科考船,动力定位已成为其标准配置,是此类科考船设计中必须考虑的基本设计要求之一。

表1 动力定位各等级对比

定位等级	DP1	DP2	DP3
定位能力	1级设备,最低级别。没有冗余,单个故障就会导致失位。	2级设备,中等级别。有冗余,单个故障不会导致系统失效。失位不会发生在单个作用组件或系统失效时,比如发电机、推进器、配电板、遥控阀等。但是会在静态组件失效时发生,比如电缆、管道、手动阀等。	3级设备,最高级别。有足够冗余,可以承受任何一个舱室发生火灾或者浸水时,不发生系统失效。失位不会在任何单个失效时发生,包括舱室火灾或破损进水等。

互联互通

网络和通信

动力定位

动力定位,一种可以不用锚链而自动保持海上浮动装置的定位方法。

动力定位系统主要由各类传感器、计算机和推进器等部件组成。该系统开启后,位置传感器、航向传感器、姿态传感器、风传感器、海流传感器等仪器开始实时实地测得数据,并把这些数据信息及时传输给计算机,计算机再将其与储存的预定停泊位置资料对照,找出差别,继而向各推进器发出指令,调整其推力,实行差别修正,直至到达预定位置,停稳。

随着现代通信技术的迅速发展,手机和互联网几乎成为人们日常生活中的必需品。当陆地上的我们每天拿着手机收发信息、浏览新闻、购物的时候,你可能不会意识到,陆地上这些便捷的通信手段都是建立在光纤和基站上的。一旦到了海上,没有基站就没有信号,传统的地面宽带系统在离岸几十千米的地方就不能提供覆盖了。

以往的海上通信只能靠卫星短信机或卫星电话，利用高空中的通信卫星建立联系，但这种通信无法满足大容量数据的传输，费用非常昂贵。大多数时候，海上联网的困难使其成为"信息孤岛"。

由于每位船东、每艘船、每位船长甚至每位海员都需要足够的信息来实施各个层次的分析和决策，这就需要充分的信息沟通，也就是通信。虽然很多涉海业务部门开通了电子业务查询系统，但主要还是面向岸上和港口，对在航船舶只能提供简单的位置查询等业务。

当前破解海上联网"信息孤岛"的难题主要靠一种叫甚小口径卫星终端（very small aperture terminal，VSAT）的设备。

利用VSAT在茫茫大海上接入互联网，就好比你把家里的无线路由器搬到了船上，通过这套设备实现与岸上互联网的无缝对接，实现语音通信、图片视频传输、微信互联互通，看新闻、抢红包一点都不会耽误。海上的各种科考数据，以前都是获取后存储在船上，现在可以做到实时和岸上的交互，陆地实验室的科研人员可以像在海上一样及时分析处理各种数据。

VSAT卫星通信技术的最大优点是组网灵活，可方便地组成不同规模、不同速率的网络系统。未来，还可进一步依托卫星+声纳组成的信息网络，打造立体化海

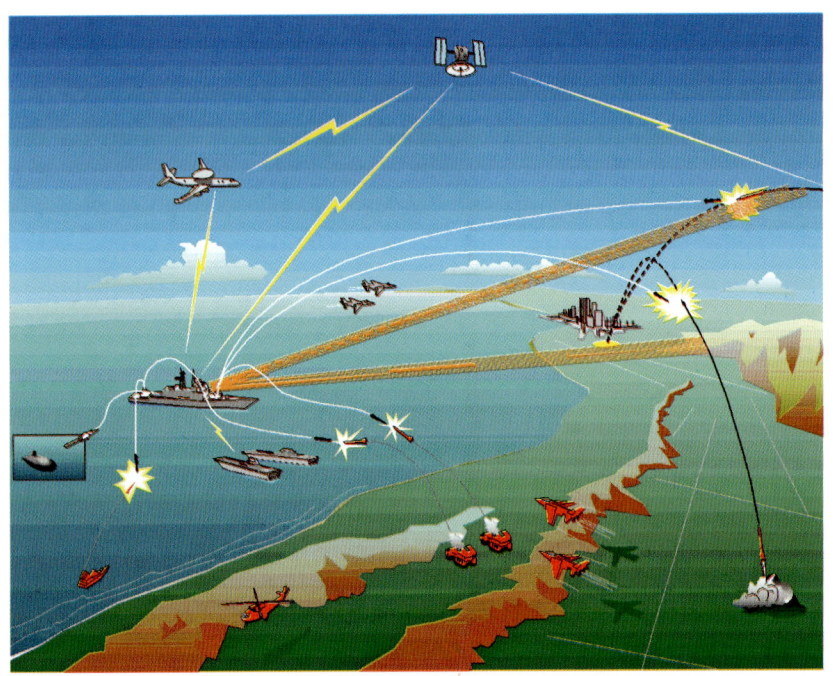

> 图59 海上通信

第2章 走进科考船

洋信息服务系统，实现海面上与海面下信息网的无盲区覆盖，使海洋变"透明"。

VSAT可用于海洋、地质、气象、水利监控体系，监测水文、气象变化，防灾减灾。VSAT在海洋科考事业方面也起着非常关键的作用，可进行大范围、大容量的海洋科考数据实时交换。VSAT卫星通信不需架设地面设施，受气候、地面和空间因素干扰小，海上是它大展身手的地方。

> 图60 "嘉庚"号科考船罗经甲板顶部的VSAT球形天线罩

忙忙碌碌

科考作业与日常生活

 科考作业

在海洋科考船上的人员通常分为两类：船员和科考人员。

船员负责与船舶相关的操纵、驾驶、物料装卸、维护保养等工作，是船舶功能顺利实现的保障。

科考人员主要负责船上科考仪器设备的操作、科考数据的整理分析，完成既定的科考任务目标，是完成科考功能的主力军。

小 贴 士

卫 星 通 信

卫星通信是地球上无线电通信站利用卫星作为中继而进行的通信。由空端卫星和地球基站两部分组成。当前的互联网技术尚不能实现全球覆盖，对于偏远地区尤其是海上用户，尚无法提供低成本卫星宽带业务。

科考人员一般可分为首席科学家、科考领队、普通科考人员三类。

首席科学家

科考人员中，首席科学家的作用最重要，可以说是每个科考航次的"灵魂"。他的主要工作包括确定科考目标、了解海域特点和前人研究工作、制定航次、合理设置站位、确保测量数据的质量、协调指挥多船联合测量和同步测量、科考成果的最终发布确认等。

科考领队

科考领队负责执行首席科学家确定的大任务目标，管理、统筹和分配普通科学家的日常工作。

普通科考人员

科考船在执行任务时，通常昼夜连续工作，为此科考人员要进行分班，按具体情况可分为四班制、三班制、两班制，每班人数根据观测项目而定，比如海洋化学营养盐、溶解氧等的分析仅需2～4人，但如果要测量海流，则需5～7人。

由于长期在海上工作，科考人员除了必备的科考技能外，还需掌握一定的船舶和航海知识，遇到突发状况，他们也可以充当"救火队员"，给船员搭一把手，协助船员解决遇到的问题。

出航准备

海洋观测与陆地观测有很大不同，它的可重复性较差，在同一海面数艘船同时观测，或者在同一地点反复观测都很困难，大多情况下仅有一次观测。为了保证观测质量，要求海洋科考人员必须做好充足的准备，对目标海域、观测内容等事先规划好，拟定调查大纲和调查计划。

一份完整的调查大纲包含哪些内容呢？一般包括调查的目的和任务、调查的海区、调查的内容、调查断面的布设、调查的日期和方法、信息资料的形式及经费估算等。

在此基础上再制定详细的调查计划，包括断面的位置和方向、各观测站的坐标、观测项目、观测层次、航行路线、调查起始和结束日期等，可以保证海洋科考的正确实施。这可远比蜜蜂采蜜做的准备工作复杂多了。

同时，为了"知己知彼，百战不殆"，应提前搜集目标海区已有的资料，比如过去调查的计划和报告、历史观测资料、有关论文及文献和档案等。通过搜集这些资料，可以确定目标海区各海洋要素的分布规律、历史资料是否可继续使用、前人研究的深入程度、新任务与已完成任务的关联程度等。

有了调查大纲和计划后，科学家们还需要撰写一份海洋科考任务书，对海洋调查的具体目标、调查海区范围与测站布设、观测质量要求、观测方式等给出进一步的详细要求。

航渡、站位作业

海洋科考船在没有科考任务时，一

第2章　走进科考船

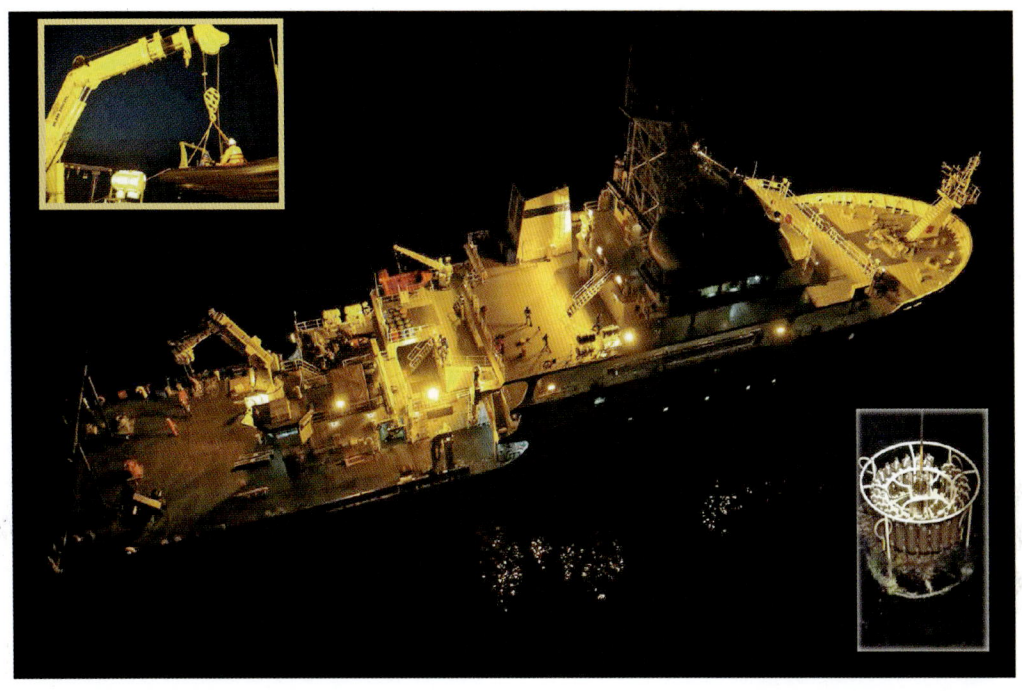

> 图61　夜晚美丽的"嘉庚"号

般停泊在母港内进行物资补给、维护保养等工作，一旦有任务安排，科考船就要准备从母港开往目的海域，这些海域经常是分散的，并且由若干个称为"站位"的测量点构成。船舶由母港开往站位，或由一个站位开往另一个站位的过程，称为航渡。此时的科考船基本不进行大的观测活动，铆足劲赶路，追求以最短的时间由一个目标到达下一个目标。船员们会仔细研究途经海域的气象条件、海域特征，尽量挑选安全、路径最短、少

> 图62　"嘉庚"号航渡照

大风大浪的航线。

　　航渡时基本是日夜兼程、马不停蹄，除非遇到大风浪天气略有休整，其他时间的科考船是上紧了发条的"神行太保"，一直走啊走。一旦到达站位，科考人员会马上投入到紧张有序的工作中。

　　由于海洋调查不仅要求具有一定准确度的现场海况数据，还应使这些数据包含的海洋学信息能被尽量地提取。所以调查工作除了要保证观测准确度外，还必须考

> 图63 "雪龙"号上的生物垂直拖网

> 图64 "雪龙"号上的潜标回收

虑数据在时间、空间上的分布，因此要求规划合理的施测方式，只要条件允许，站位和测点应足够密。

　　这些站位就像是海洋这座大花园里

第2章 走进科考船

位系统,可以清晰地获得所在海域的经纬度,从而告知科考船是否已抵达目的站位。

站位作业主要包括大气、水体及海底调查,对专业和特种科考船,还包括地震测量、钻探、潜水器释放与回收、航天测量等工作。

数据整理与分析

海洋学是一门靠观测提供第一手数据和资料,然后在此基础上整理、分析、提炼各种规律、模型、理论,反过来再通过实际观测予以验证的科学。在通过科考船等观测手段获得了准确的原始数据后,如何对这些数据进行整理和分析,是每一个海洋学家必须掌握的基本技能。

只有经过了整理的数据,其中的规律和模型才有可能被发现,这些提炼后的信息才是真正酿成的"蜂蜜"。

日常生活

科考船出海一次的周期一般都比较长,短则十天半个月,长则半年到一年。我国的极地科考破冰船"雪龙"号去一次南极,来回要历经400多天,其中有200天都是在海上度过的。海上的日子漫长而辛苦,经常要与大风浪做搏斗。船员长时间待在一个相对封闭的环境中,简直就像被"软禁"了一样。

一朵朵待采蜜的花,由于任务量很大,科考船就像忙碌的蜜蜂一样,在一朵花上采完蜜后会立即飞往下一朵花。这些"花"是靠卫星来进行定位的,利用全球卫星定

住舱环境

在如此漫长的日子中，除了解决吃、喝、拉、撒的问题，还要工作和娱乐两不误，如何让船员们保持斗志昂扬、积极向上的工作状态呢？那就是做好大家的后勤保障服务，尽量为船员们提供一个舒适、人性化的工作和生活环境，尤其是要让大家住好、吃好、玩好。

做到这些却很不容易。船上船员分高级船员和普通船员。高级船员会住得好一些，房间面积更大、家具更多，像船长这种级别的，还会住套间——客厅和卧室分开。其他船员一般只有一个房间，里面设有床，还有桌子、凳子、衣柜、书架和衣帽钩，如果房间面积允许，还会设置沙发、冰箱等。

为了保护船员的利益，国际劳工组织专门制定了相关规范，对船员住舱面积等做出了方方面面的规定。即使这样，船上住舱还是非常紧凑的，尤其像科考船这种

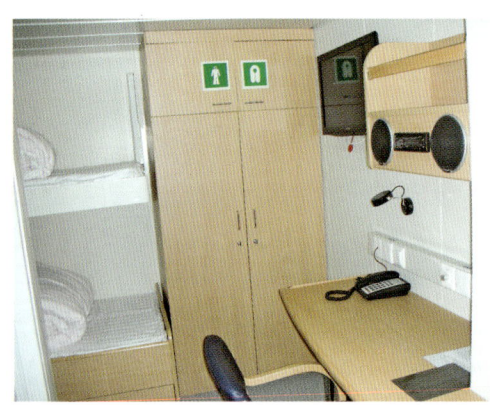
▷ 图65 "科学"号上的船员住舱

▷ 图66 "科学"号上的会议室

▷ 图67 "科学"号上的休闲厅

▷ 图68 "科学"号上的餐厅

中小吨位的船舶，住舱更加紧凑，甚至一个房间会住4～6个人，人均面积甚至只有3.5平方米，并且经常采用上下铺的形式，由于舱室高度有限，有时住上铺的船员只能躺着，多抬一下腿就会碰着天花板。对于住舱特别紧张的科考船，两个房间还会共用一个洗手间。

为了改善这一情况，只要条件允许，越来越多的科考船在房间内只设单层铺，并尽量每个房间配一个洗手间。不过，除了晚上睡觉外，一般鼓励大家多到公共娱乐场所去，为此科考船上设有健身房、阅览室、咖啡厅、影音室等各种休闲娱乐场所，供船员们放松身心。

船员饮食

船上的伙食如何呢？不缺大鱼大肉，缺的是新鲜蔬菜。因为鱼和肉比较容易保存，新鲜的蔬菜却不易存储，虽然人们也想出了各种保持蔬菜新鲜度的方法，比如气调保鲜或冰温保鲜，但也只是将储存期略有延长，新鲜的蔬菜永远是船上的抢手货。对于那些要在海上待几个月的科考船船员来说，刚开始时还能天天有菜吃，后面可能吃上几口土豆都很幸福了。

还有一个重要问题是淡水的供应。茫茫大海虽然美丽，海水却不能直接用于饮用和冲洗，因为海水是一种含有80多种盐类的水溶液，其中有11种的含盐量都超过了1毫克每升。船上当然设置有淡水舱，出港时可以携带一定量的淡水供船员使用。但这些水量毕竟有限，远不能满足船员的使用要求。在人们未能找出一种有效的通过海水制淡水的方法之前，科考船上的人们只能节省每一滴水，早些年出海科考时每人一天只能分到一桶水，根本无法满足痛痛快快冲个澡的要求。

后来人们发明了海水淡化装置，通过一定方法成功由海水获取了淡水，彻底解决了船上海水不够用的问题，大大提高了船上人员的生活质量。

船员的工作和生活比较辛苦，但正是有了他们的辛勤劳动和付出，我国的海洋科考事业才会不断发展壮大。

海 水 制 淡

海水制淡一般有两种方式：真空蒸发式和反渗透式。

真空蒸发式海水淡化是比较古老的方法，其原理如同海水受热蒸发成云后形成降雨，而雨是不带咸味的淡水。船上的真空蒸发式海水淡化装置主要利用主机产生的余热。

反渗透海水淡化装置是利用反渗透原理生成淡水，先将海水初步处理以降低海水浊度，防止细菌、藻类等微生物的生长，然后用特种高压泵增压使海水透过反渗透膜。由于海水含盐量高，反渗透膜必须具有高脱盐率、耐腐蚀、耐高压、抗污染等特点。经过反渗透膜处理后的海水，其含盐量可大大降低至未处理前的1/180。

一般来说，真空蒸发式较反渗透式海水淡化装置更安全、更可靠、更经济，但装置的维护保养较为麻烦。

> 图69 "科学"号上的升旗仪式

> 图70 "雪龙"号上科考队员的跳跃庆祝

小贴士

蔬菜保鲜技术

根据蔬菜保鲜的机理，创造蔬菜保鲜的有效环境可从如下四个方面着手。

1. 控制温度

温度对蔬菜的呼吸作用、酶活性、失重和微生物的影响很大，温度越高，呼吸作用越旺盛，代谢越快，蔬菜贮藏时间也越短。为了使蔬菜库内的温度维持在一定范围内，应在船上设置一套蔬菜库专用制冷系统，根据蔬菜种类的不同，进行分类储存，并设置不同的库温，冷库的库温控制精度一般为±2℃。

2. 控制相对湿度

有生命的蔬菜，其组织中90%是水。在贮藏的过程中，蔬菜的水分就会通过表层向环境中扩散，导致失水，从而造成蔬菜变软和萎蔫。为了使蔬菜库内的相对湿度维持在一定范围内，应在船上设置一套加湿装置，可根据船上的空间灵活布置于库内或库外。除核果、干果、洋葱等少数品种外，大部分易腐蔬菜贮藏的相对湿度可保持在85%～95%范围内。

3. 控制气体浓度

贮存环境中的乙烯、氧气和二氧化氮浓度会对蔬菜的保鲜产生影响。

乙烯是蔬菜体内天然产生的微量催熟剂，主要是加速蔬菜的成熟和衰老。然而，低氧气贮藏不仅能够抑制乙烯的生成，而且还能降低组织对乙烯的敏感性，但是当环境中的氧气浓度低于下限时，则会对蔬菜产生生理伤害，就会导致细胞死亡，从而引起寄生菌和腐生菌的滋生而使蔬菜腐烂。高二氧化氮浓度能保持蔬菜绿色素和维持蔬菜硬度，还能对抗乙烯的产生并阻止乙烯发挥作用，然而当环境中的二氧化氮浓度高于上限时，则会引起蔬菜异常代谢，产生生理障碍，使蔬菜细胞内部积累乙醛和乙醇而中毒。

为了使蔬菜能够储存在一个合适的气体浓度的环境中，应采用气体浓度调节的措施，主要有两种方法：其一是向库中充注氮气；其二是对库进行抽气。

4. 控制细菌

蔬菜在库内进行微弱的呼吸，仍是一个活体，必然受到细菌的影响而减弱抗病力，从而腐烂变质。通常在库内设置杀菌装置，定期进行杀菌。

综上分析，可通过控制温度、相对湿度、气体浓度和杀菌来抑制蔬菜的生理活性，使储存的蔬菜处于休眠状态，进行缓慢的呼吸，从而降低蔬菜的损耗，防止蔬菜腐烂和变质，达到保质、保鲜的目的。由此，针对大型船舶的特点，可以采用气调保鲜技术和低真空保鲜技术。

第3章
科考船的分类

世界海洋科考船经过近70年的发展，很快形成了繁杂的海洋科考船体系。不同国家在发展专门的海洋科考船时，有不同的战略目标和阶段使命，不同的发展脉络和母型船基础，海洋研究的不同海域、不同方向和不同认知，不同国家还有不同的设计建造能力，这些均会导致海洋科考船的船型分类和功能需求产生较大的差异，从而也会导致有各种不同的船型特点和相应的分类方法。

现代海洋科考船的分类方法较多，如按船型分，有单体、双体和特殊型；如按航行和作业能力分，有全球级、大洋级、区域级和近岸级；如按性质分，有综合科考船、专业科考船和特种科考船。其中，专业科考船有地球物理勘探船、水声调查船、渔业调查船、地质调查船、气象观测船，以及资源航道测量船、环境监测船、浮标作业船等；特种科考船中又有大洋钻探科考船、极地考察船、航天测量船、潜水器母船、海洋考古船等。

全能多面

综合科考船

作为海洋科考船的一个大类，综合科考船是指为满足海洋水文气象、地球物理、地质地貌、生物化学、海洋声学、海洋渔业等两种及以上海洋调查领域的需要而设计的科考船，偏重调查学科的"综合性"，需具备多个海洋调查领域的同步观测、样品采集和处理，具有多学科、多功能、多技术手段的综合调查能力。

★ 装备能执行海洋科学考察任务的仪器设备、操控支撑设备，具备较宽敞的工作甲板和实验室空间，能满足包括科考人员在内的全船人员长期海上工作和生活的需要，具备相适应的稳性安全、续航力和自持力。

★ 船体结构坚固，有良好的耐波性、适航性和振动噪声特性，干舷较低方便舷外作业，一般安装减摇装置，同时有些设备具备波浪补偿能力，以提高海上的作业能力和舒适性。

★ 具有良好的低速操控、慢速推进以及动力定位的能力，考虑模块化设计和未来可扩展能力。

★ 具备较充足的电力系统，关注精密仪器的电能品质和电磁干扰特性。

★ 具备较完善的卫星定位、通信导航和数据网络甚至智能平台系统。

第3章 科考船的分类 | 53

> 图71 中国"科学"号综合科考船

> 图72 美国"Neil Armstrong"号综合科考船

综合科考船是当前海洋科考船中数量最多的一类科考船，发展也最为迅速。此类科考船由于一次可获得多学科的综合信息，一次出海获得的信息量大，就整个海洋学的全面发展来看，对推动海洋学各学科的发展贡献最大。例如中国"科学"号综合科考船、美国"Neil Armstrong"号综合科考船。

术业专攻

专业科考船

专业科考船一般指只针对海洋科学中的某一类或某几类学科进行专门调查和研究的科考船，它们不像综合科考船那样追求学科的多样性，但在某几类学科上钻得透、挖得深，可谓花足了功夫，如果说综合科考船是"博物学家"，专业科考船就是"专家"。以下详细介绍几类我国新世纪以来重点发展的专业科考船型。

扣动大地脉搏——地球物理勘探船

作为地球科学的主要学科，地球物理学是指通过定量的物理方法如地震弹性波、地磁、地电、地热、重力及放射性能量等研究地球及寻找地球深部蕴藏的矿藏资源的一门学科。

地球物理勘探船（简称"物探船"），是利用地震弹性波寻找海底油气和沉积物

> 图73 地球物理勘探船——"海洋地质八号"

资源的一类勘探船。由于声波在不同的物质间传播时速度不一样，通过研究海底深部岩层声波的反射特点，可以找到其中含有的液态、气态及固态的各种资源。由于海底的油气等资源一般藏得很深，通常都在几千米的深度，要想将声波传递到如此

远,只能靠低频声波,因为高频声波能量衰减很快,无法远距离传输。

产生低频声波靠什么呢?物探船上一般利用压缩空气气枪,由特制的空气压缩机产生高压空气储存在气枪内,通过瞬时的释放,以类似"狮吼功"的威力,产生能量很大、频率很低的声波,声波碰到海底岩层产生反射波,再通过"耳朵"——接收电缆回传到物探船的接收装置,船上的工作人员通过计算机处理得到地震反射剖面,可以"看清"油气资源的分布,从而编制海洋油气田的关键路线图,为下一步的油气钻探和开采做准备。

气枪枪阵一般浮于水面,而接收电缆为了"听得清",一般沉入水中一定深度。物探船的勘探能力根据其接收电缆的数量和长度划分,一般接收电缆越多、越长,探测能力越强,单根接收电缆的长度可达 10 000 米以上,最多可拖带 20 根左右。这些电缆在物探船的艉部散开如扇形,物探船就像拖着数十倍于自身长度尾羽的孔雀一样,当它在海上游弋时,为了避免被电缆缠到,其他船舶只能避而远之。

> 图74 挪威"BOA Thalassa"号物探船

追寻游弋精灵——渔业资源调查船

渔业资源调查船是一类专门从事渔业资源、渔场和海洋环境等科学调查，以及渔具、渔法和渔获物保鲜试验等相关研究的调查船。渔业调查船关注鱼类资源的探测、捕捞及存储技术，为各类渔船捕获鱼类的提供前瞻性的资源探测、渔法开发及渔获存储保鲜等研究。

近年来，我国渔业发展受资源环境的约束日益明显，绿色发展和可持续发展的要求使得我国渔业资源调查船的开发迫在眉睫：过度捕捞现象严重，导致近海传统渔业资源的衰竭；水产品大宗品种供给基本饱和，优质产品供应不足，供需侧矛盾突出；国际海洋权益斗争趋于复杂，公海渔业开发门槛抬高。

探测技术主要是利用各类探鱼声呐，这些声呐有不同的频段，可以看清不同深处的鱼群情况。为了避免探鱼时"吵到"鱼群使其逃逸，渔业调查船对水下辐射噪声要求很高，要求船舶自身必须足够安静，为此船上的一些主要振动源如主机、推进器等，往往需考虑特殊的减振降噪措施。

捕捞技术主要指对渔船常用的拖网、围网及延绳钓三种捕捞方法进行的研究。

存储保鲜技术一般通过制冷进行保鲜，研究不同冷藏温度对鱼品品质的影响程度。

> 图75 三种捕捞方法

保驾海上信使——浮标作业船

浮标是具有一定形状、尺寸和颜色的漂浮物体，锚泊在指定的位置，可用作助

第3章　科考船的分类　57

> 图76　渔业调查船——"淞航"号

航标志、海洋环境监测、船舶系留等。浮标是海洋监测最主要的手段之一，是海洋立体观测网的重要组成部分。

　　监测机构将各种监测仪器放于浮标平台上，可获取多种海洋数据信息。浮标可布于近海沿岸甚至远海大洋中。根据其探测能力，大小也各不相同，小的直径仅几十厘米，大的可达十几米、几十吨重。浮标越大，越可以安装更多的探测设备，可以对海浪、海温、海洋生态环境，以及台风、海啸等进行全方位有效监测。

　　浮标作业船是用于浮标、潜标的布放、回收、抢修等保障工作的专用船，是

小贴士

渔船作业方式

　　拖网捕捞是用渔船拖曳囊袋形网具迫使捕捞对象进入网内的捕捞作业方式，能主动灵活地拖捕鱼群。主要用于海洋，内陆水域也有应用。捕捞对象以底层和近底层鱼、虾和软体动物为主，是近现代最重要的捕捞方式之一。

　　围网捕捞是以长带形或一囊两翼形网具包围鱼群进行捕捞的作业方式。主要对象为中上层鱼类。多见于海洋渔业，大型湖泊和水库中也有使用。它是目前世界海洋捕捞的主要作业方式之一。

　　延绳钓主要用于捕捞金枪鱼。通过从船上放出一根干线（120～150千米）于海中，一定数量的支线和浮子以一定间距系在干线上，借助浮子的浮力使支线（一端带有鱼饵）悬浮在一定深度的水中，用鱼饵（或拟饵）诱引金枪鱼。

> 图77 "张謇"号尾部A型架

海上浮标的专职"保姆"。它们有的还具备执行断面调查等综合海洋调查任务的能力。船上通常配备浮标起吊用的专用大型A型架、缆绳收放装置、登标梯等专业设备。其中大型浮标起吊A型架是浮标作业船赖以生存的"法宝",它们体格庞大,

> 图78 海上浮标

第3章 科考船的分类

> 图79 浮标作业船——"向阳红22"号

有的立起来有十几层楼高。

在浮标作业船出现之前，浮标的布放维护等工作主要依靠拖船等其他类型船舶，耗时长、作业效率低、对海况要求高。有了专业的浮标作业船后，浮标可由作业船直接运输至指定点位布放，需维护抢修时由艉甲板上安装的A型架对浮标进行起吊回收，相关工作可在船上"一气呵成"，布放及维护效率得到很大提升。

特殊本领

特种科考船

特种科考船有多种，本书主要介绍潜水器母船、极地考察船、大洋钻探船和航天测量船。

敢放蛟龙入海——潜水器母船

在海洋科考船中，名字中带"母"字的种类非常少，潜水器母船是其中的代表，这里的潜水器一般指大型的载人潜水器。就像航空母舰是各类舰载机的大本营，潜水器母船是名副其实的载人潜水器的"母船"，之所以这样称呼主要有两方面原因。

从物理连接上，当潜水器下放时，潜水器和母船之间有一根互相联系的"脐带缆"，就像胎儿和母亲之间的脐带一样，这根生命之线为潜水器提供氧气、电力、信号等各类信息，是潜水器活动的"营养来源"。

从维护补给上，潜水器释放前后的一些准备、维护、保养工作，释放过程中的各种监测、保障工作等，都是在母船上进行，它就像母亲呵护婴儿一般照顾着潜器的方方面面，提供全方位的后勤保障工作。

潜水器不工作时，存于母船上专用的库房，这是一个顶部有遮挡的可以"遮风挡雨"的处所。为缩短潜水器布放时的路径，这个库房一般通过一扇宽度4～5米的大型卷帘门通往艉部主作业甲板。库房周边有配套的维修保障间、起吊装置、油料气源库等，在潜水器"休息"时，这些配套设施会一刻不停地为潜水器进行各类体检及能量补充工作，保障潜水器下一次活力满满的工作。

潜水器母船上最重要的系统就是载人潜水器的布放回收系统，它们是保证载人潜水器深潜成功的基石。一般由三部分组成，包括艉部A型架、运移轨道车和拖曳绞车。

A型架

安装于船舶艉部的A型架，可以看做是将载人潜水器放入水中及提出水面的机械手，由两个支柱和一个横梁组成，横梁中间设有起升绞车及万向架，带恒张力和抗横摇纵摇功能，这样即使母船有各种摇摆运动，载人潜水器也能将各种外力化为无形，稳稳当当地出入水中。

运移轨道车

运移轨道车是载人潜水器的"专车"，用于实现载人潜水器在甲板起吊点与艉部

第3章 科考船的分类

> 图80 "向阳红09"号艉部A型架

> 图81 "向阳红09"号潜水器运移轨道车

它还可以升降,在库房内时可以将潜水器提升,用于其底部的维护保养工作。

拖曳绞车

拖曳绞车作用是将载人潜水器从水面拖到船舶艉部A型架下面的回收位置。进行收放期间,为了减小俯仰和摇摆,拖曳绞车对载人潜水器一般保持一个恒定张力。

我国目前最先进的载人潜水器"蛟龙"号就拥有自己的母船,当前其母船是由改造后的综合科考船"向阳红09"号承担。2017年9月16日,我国首艘专为载人潜水器研制的支持母船"深海一号"在武

> 图82 "蛟龙"号当前的母船——"向阳红09"号

收藏区之间的甲板运转,实现载人潜水器在甲板上转运过程中的系固固定,以及潜水器在存放库房内的维护维修。轨道车有专门的轨道,类似火车的铁轨一样;同时

> 图83 "蛟龙"号未来的新母船——"深海一号"

> 图84 美国潜水器母船"Atlantis"号

汉开工建造,"蛟龙"号载人潜水器未来将告别"向阳红09"号,迎来自己的专用支持母船。国内的潜器母船中,还有"彩虹鱼"的母船"张謇"号,这是我国民企参与海洋科研的代表船型。

国外的载人潜水器母船中,最著名的

第3章 科考船的分类　63

要数搭载"阿尔文"号的"亚特兰蒂斯"号,"阿尔文"号曾成果丰硕、战功赫赫,是当今世界最有名的载人潜水器之一。

 劈开万里冰封——极地考察船

极地考察船是海洋科考船中体量最大的一类科考船,是名副其实的大块头,其满载排水量一般在1万吨左右。此类船以极地水域科学考察为首要任务,兼具一定的极地考察站后勤物资运输补给能力。

由于需要经过两极区域的冰区,极地考察船练就了一身特殊本领——强大的破冰能力及抗冻能力。它能劈开一定厚度的冰层,并且在极地寒冷的环境条件下也能保证船舶系统的正常运行。

极地考察船的破冰能力来自其特殊设计的船体线型,这是一种称为破冰型的艏部线型,不同于开敞无冰水域海洋科考船经常外凸的艏部,破冰型艏是内缩式,与水面之间有一个很大的倾角,外形就像一把匕首一样,尖瘦的中间部分可以劈开封结的冰层,并且很容易从冰层"夹击"中全身而退(外凸型的艏部易被冰层卡住)。很多破冰船的艉部也可以破冰,称为双向破冰型,在不用转弯的情况下可以实现反向破冰。

> 图85 "张謇"号

> 图86 我国现役的极地考察船——"雪龙"号

由于船体水下部分需要经常承受冰这种"固体"的冲击,破冰船练就了一身过硬的本领,它的船体骨材间距较常规海洋科考船缩小,船体水下外板厚度加大,并且采用了能耐受低温的特种钢材,在船体外露的海水门、推进螺旋桨等处则考虑了特殊的冰区加强措施。

防寒设计主要针对破冰船的水上部分和内部空间,如何保温、如何防冰和除冰是破冰船设计要考虑的头等大事，因为一些油路、气道、水管、液舱等都可能因为严寒的天气冻结住，使船舶系统无法正常运行。

最主要的防寒措施就是加热，一般可分为电加热和蒸汽加热，利用电阻丝或蒸汽产生的热量防止结冰或融化已有冰，为此船上的电站或锅炉容量必须加大。另外，破冰船的水上外形力求简洁，上层建筑一般都比较规整，减少外凸体及各种梯道等的数量，可以降低结冰的概率，减少除冰工作量。对于艏部的锚泊设备，一般采用顶部有盖的封闭式设计。

我国目前新建的极地考察船"雪龙2"号，总长122.5米，最大船宽22.32米，具

> 图88 俄罗斯"北极"号极地考察船

有双向破冰能力，能在1.5米水平冰加0.2米雪中以2～3节的速度连续破冰。它涵盖了海洋和大气环境观测与实验、海洋地质和地球物理测量、海洋生物和生态调查分析等科考功能，是我国未来极地科考的旗舰型船。

> 图87 新建极地考察船"雪龙2"号效果图

打开地球心田——大洋钻探船

大洋钻探船主要用于地球深部样本的获取，能够在水深数千米的海底实施钻探，是目前海底深部取样的唯一手段，是全世界深海高技术的集大成者。它的突出特征就是立于船体中部的大型钻探井架，是整套钻探系统的主支撑部分。由于技术密集、运营维护费用高，目前世界上的大洋钻探船仅两艘，即美国的"决心"号和日本的"地球"号。

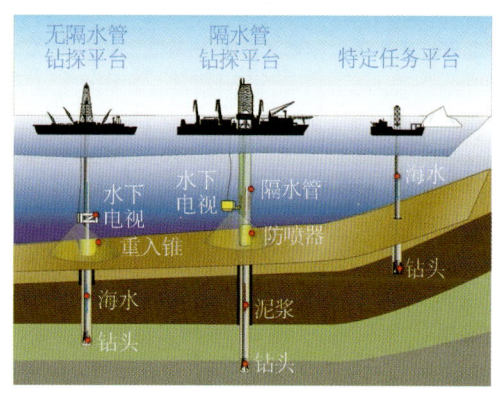

> 图90　大洋钻探

大洋钻探船的关键技术是其动力定位技术、升降补偿技术及钻探技术。

为了抵抗高海况下风、浪、流引起的船体平面方向运动，大洋钻探船的动力定位能力是海洋科考船中要求最高的，为此

> 图89　美国"决心"号

小 贴 士

破冰船的破冰方法

当冰层不超过1.5米厚时，多采用"连续式"破冰法。主要靠螺旋桨的力量和船艏把冰层劈开撞碎，达到破冰开路的目的。

如冰层较厚，则会采用重力破冰法，让船冲上冰面，利用船体的巨大重量把下面的冰层压碎。比如先把船艉压水舱排空，船艏压载水舱注满海水，船艏会翘起，开大马力冲上冰面，然后排空船艏压载水舱，灌满船艉压载水舱，依靠自身重量压碎冰面。

在主要推进器的基础上,钻探船通常还需配置若干个辅助推进器,大型钻探船甚至可达10个以上。为了抵抗上下颠簸运动,钻探船通常还会配备升降补偿装置,可以随时补偿船体随波起伏对钻杆造成的不利影响。钻探技术是钻探船的技术核心,经历了非立管钻探、立管钻探及非立管泥浆泵钻探技术三个阶段,目前的最新技术在钻探深度及防止井喷方面做到了很好的平衡。

"地球"号大洋钻探船

"地球"号钻探船是日本船舶科学技术中心为实施"21世纪海洋钻探规划"而打造的世界上第一艘立管型深海钻探船,是目前世界上最大的大洋钻探船,主要用于深海海底地质结构的勘探。

> 图91 日本"地球"号大洋钻探船

> 图92 美国"决心"号大洋钻探船

该船总长210米，型宽38米，型深16.2米，吃水约9.2米，满载排水量57 500吨，月池长21.9米，宽12米，井架高度70.1米，具备操作10 000米钻杆的能力，该船采用隔水管钻井方式和电力推进方式，兼具自航能力和动力定位能力。

"地球"号上可以承载150人，其实验空间占据了4层甲板，占地面积近2 300平方米，有三分之一个足球场面积那么大，安装了最新型的分析仪器，可进行地球物理学、古生物学、岩石学、地球化学等方面的现场分析研究。

我国目前正在开发自己的大洋钻探船，预计满载排水量20 000～30 000吨，钻探能力将媲美"地球"号，建成后将成为世界上继美国和日本之后的第三艘大洋钻探船。

护航神州翱天——航天测量船

航天测量船是一个国家卫星和航天器发射的重要保障手段，可按需要建成设备完善、功能较全的综合测量船和设备较少、功能单一的遥测船。

测控系统

它们除具有船舶结构、控制、导航、动力等系统外，还装有相应的测控系统。综合测量船测控系统一般由无线电跟踪测量系统、光学跟踪测量系统、遥测系统、遥控系统、再入物理现象观测系统、声纳系统、数据处理系统、指挥控制中心、船位船姿测量系统、通信系统、时间统一系统、电磁辐射报警系统和辅助设备等组成。

仪器设备

仪器设备可用来考察高层大气，接收卫星或宇宙飞船等太空装置发来的信号，并可向太空装置发布指令。它能对航天器及运载火箭进行跟踪测量和控制，是航天测控网的海上机动测量站。

主要任务

航天测量船的主要任务是在航天控制中心的指挥下跟踪测量航天器的运行轨迹，接收遥测信息，发送遥控指令，与航天员通信以及营救返回降落在海上的航天员；还可用来跟踪测量试验弹道导弹的飞行轨迹、接收弹头遥测信息、测量弹头海上落点坐标、打捞数据舱等。

> 图93 我国的"远望"系列航天测量船

第 4 章
科考船的功能与系统

海洋科考船

科考船上配备了大量的科考仪器，构成了复杂的科考调查系统，它们互相配合，可以完成各种艰巨的科考任务，称它们为科考船上的"神兵利器"毫不为过。这些调查系统通常可分为大气调查、水体调查、海底调查、深海调查、声学调查、遥感信息调查六大类，以及主要在实验室内进行的化学分析、生物分析和底质分析。

获得的科考成果主要有电子类和实体类两大类，电子类主要包括各种数据、声音、图像及视频等，实体类包括水体、海洋生物、沉积物及岩石等。它们应用于海洋学各个学科的研究，是用于分析研究的第一手资料。

科考船典型作业构成如下图所示：

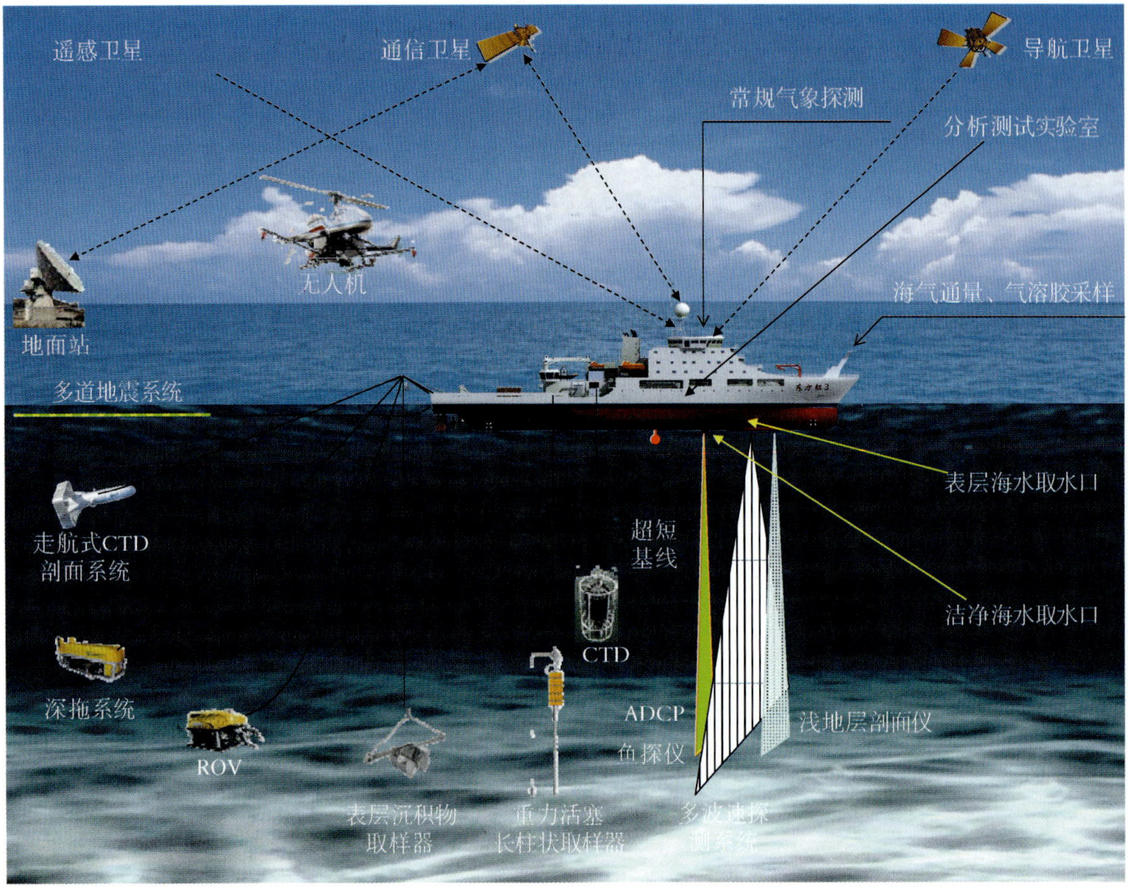

> 图94 科考船典型作业构成

第4章　科考船的功能与系统

大气调查

海洋和大气同属地球流体，其运动规律有诸多相似之处，海洋和大气都是气候系统的成员，它们是如此紧密地相互联系和相互影响，海洋主要通过向大气输送热量来影响大气运动，海洋对大气的作用主要是热力的；大气主要通过风应力向海洋提供动量，改变洋流及重新分配海洋的热含量，大气对海洋的作用主要是动力的。大尺度海气耦合相互作用对气候的形成和变化非常关键。

既然大气与海洋关系如此密切，研究它的变化规律，进而揭示其对海洋的影响将非常必要。因此大气调查就是指利用船载调查设备对海气界面、海洋-大气边界层和高空大气进行的综合立体观测。

大气调查主要包括以下船载探测系统：

海面常规气象走航式连续探测与数据采集系统

即通常所说的船载气象站，是一个移

> 图95　大气云图

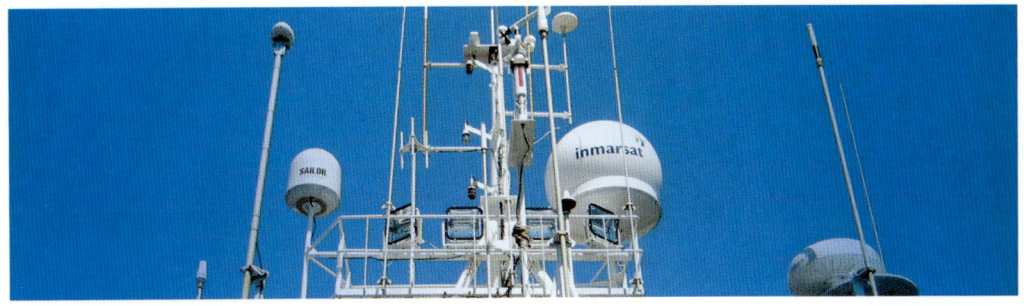

> 图96　船载气象站

动的"天气预报员",是海洋考察必备的仪器,能实时提供并连续记录气温、气压、湿度、风速、风向和能见度资料,不仅对科考船航时的气象保障有直接帮助,而且其连续观测资料对于考察海域气象状况分析和海气相互作用研究都是必不可少的。该系统往往"遗世独立",通常安装在海洋科考船最高平台的前部或桅杆上,应尽量避免遮挡物对风速、风向和其他要素测量的影响。

为了使传感器能"窜上"高空,需借助必要的手段,它们无法像孙悟空那样翻个"筋斗云",但可以乘坐气球,所以科考船上经常像放风筝一样释放探空气球,气球上搭载的传感器则像被一根长长的线系住的听筒一样,把"听"到的信息传到科考船上。气象常规观测一般每天释放搭载传感器的探空气球2~4次,也可根据科学研究需求适当加密。

GPS探空系统

GPS探空系统是研究分析大气状态垂直分布特征的关键设备,能实时提供并记录海面至30 000米高度的气温、气压、湿度、风速和风向的垂直分布资料。

海气通量观测系统

海气通量观测系统可提供海洋与大气之间的二氧化碳和水汽交换观测数据,为海气相互作用研究提供宝贵的基础数据。由于需要尽量避免行进中的船体对大气的影响,且需离海面尽量近,一般布置于离

> 图97 "雪龙"号上的探空气球作业

> 图98 海气通量观测系统

第4章 科考船的功能与系统

主船体较远的前桅上。

在线气体及气溶胶成分监测系统

在线气体及气溶胶成分监测系统可在船舶走航过程中在线监测环境大气中气溶胶和气体中的可溶性成分的含量。一般布置于前桅上。

大气剖面仪

大气剖面仪又称为大气廓线仪或风廓线雷达，能连续、实时测量海面50米以上至3 000米以下范围不同高度层大气的水平风速、风向、垂直风速，以及大气结构常数。其作用类似于水体调查设备中的声学多普勒流速剖面仪（ADCP），只不过探测对象变成了大气。

另外还有气溶胶粒径谱仪、云高仪、微波辐射仪等。

> 图99 大气剖面仪

水体调查

水体是海洋的主体，水体调查因而显得尤为重要，利用走航（面）或定点（点）探测仪器，对调查海域形成以基本海洋水文要素为基础的多要素综合测量，为全面了解、认识海洋表层和深层结构，开展海洋环流动力学、物质输运过程（例如近海泥砂、陆地生源物质、温度、盐度等）、海气相互作用及海洋内波的研究提供技术手段。

水体调查主要包括以下船载探测系统：

温盐深探测系统

即通常所说的温盐深探测系统（CTD），可以对海洋水体的温度、盐度垂向分布和深度等进行连续观测，一般分为定点式、走

> 图100 走航式CTD

深海里采水绝不像井里打水那么简单，一只桶扔水里，用车轱辘摇几下就上来了，深海采水要考虑不同水深处采水的要求，如何保证底层水在提升到水面过程中不受影响是首要考虑的问题。这就要看采水瓶的本领了。

每个瓶子上都有编号，对应于采水的序号。工作人员通过操作电脑控制采水并实时采集传感器所处海水的温度、盐度、深度等数据。每到一个深度，当按下控制采水的按钮，就给了采水瓶上的电磁阀一个释放信号，保持瓶盖张开的缆绳就会释放，于是采水瓶两头的瓶盖就严严实实地堵上了，这个深度的水就被"原位"封存起来。随着设备的回收，这瓶水被带到甲板上来。其他的瓶子依此操作，就可带回不同深度的水样。

定点式

定点式是由大型采水器搭载CTD传感

航式两种形式。

当船舶在摇晃中进行海上作业时，CTD水下仪器所处深度随船摇晃而不停变化，传统的CTD工作方式不能克服船舶摇晃造成的探测水层不精确的问题，目前国际先进的CTD工作方式是使用升沉补偿，随时补偿吊点距离水面的高度，使仪器在水中的作业深度保持不变。

这些仪器看起来很轻巧，可是能承受万米深海水的压力（近似于1 000个大气压）。如此大的压力下，设备为什么安然无恙呢？这与设备本身的材质有关，设备的主体外壳是钛合金的，非常结实；另外，设计时特意使装电路板等元器件的空间尽可能小，将设备外形设计成圆柱形。圆柱形是最能承受压力的，所以水下的仪器、传感器等从外形上看都是圆柱体。

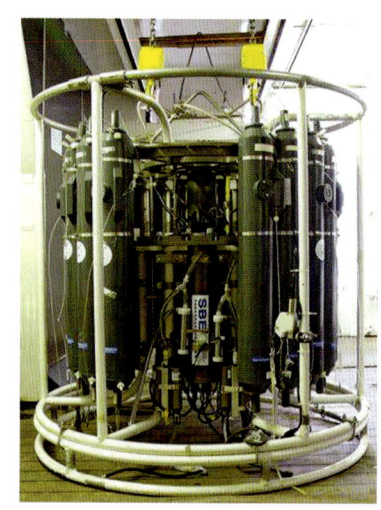

> 图101 CTD探测系统

器，通过船载收放系统下放到海水中，可满足船舶在定点时对单点的温度、盐度、深度参数进行观测，并具体对海洋不同水层（包括深海）海洋生物或海洋化学的水体样本进行采集。在下放的过程中，它可以即时感知海水的温度、盐度及深度，采样率非常高。通常来说，只要在水里停一秒，CTD就可以得到30多个样本。也就是说，即便是用每秒一米的速度下放，它在一米水层里得到的样本也是几十个，甚至上百个。

走航式

走航式CTD，以连续测量方式获取多个物理、化学要素剖面数据，获得海水剖面的温度、盐度、深度、溶解氧、pH值、叶绿素等多参数和声速数据。走航式的优点在于可以伴随科考船的航行对大范围海表以下剖面进行同步观测，不局限于单点。

走航式CTD又可以分拖曳式和自主式

> 图103 "嘉庚"号的采水器及其上搭载的CTD探测设备

> 图102 入水前的采水器及其上搭载的CTD探测设备

小贴士

CTD

CTD是海洋观测中最传统、应用最广泛的海洋调查设备。通过该系统所带的采水瓶，可到大洋深处取水。系统在投放过程中，按照预先设定的参数进行测量，提供海洋垂直剖面的温度电导率（盐度）、深度、叶绿素、溶解氧、浊度等数据，即测出海水水文、化学要素随深度变化而变化的规律性。该系统主要由甲板单元、水下单元、采水系统、计算机，以及专用绞车等部分组成。

两种。

拖曳式 通过常规钢缆和通信钢缆（又称为凯装钢缆）拖动装在载具上的CTD，即通常所说的走航式多参数剖面测量系统（MVP）。该载具不具备脱离钢缆行动的能力，但可通过自带计算机的指令或通信钢缆发出的指令控制自身在海洋中垂直方向上的位置，实现在拖曳航行中的上下运动，进行垂向剖面的观测。

自主式 类似水下滑翔机，不需要钢缆与船相连，通过自带计算机进行自主控制，实现在目标海区剖面的自主观测。一般没有动力，主要依靠浮力及飞翼调整姿态在水下运动。目前也有加上具动力的设计，以改善运动性能。

> 图105 水下滑翔机

声学多普勒流速剖面仪

声学多普勒流速剖面仪（ADCP）是20世纪80年代初发展起来的一种测流设备。

ADCP具有能直接测出断面的流速剖面、不扰动流场、测验历时短、测速范围大等特点。目前被用于海洋、河口的流场结构调查、流速和流量测验等。ADCP可以在走航或锚定情况下对近海和远海水平流速的垂向分布进行观测，用来研究海流的基本规律和变异机制。

ADCP分为走航式和下放式两种，目前在科考船上使用较多的是走航式，一般固定安装在船底部。为了满足对不同深度、强度的海流进行观测，通常一艘科考船需要同时安装声学性能特点（如观测频率、层厚）不同的3～4台。下放式声学多普勒流速剖面仪（LADCP），一般是将ADCP传感器安装在某个投放式仪器上，随仪器一起捆绑式投放，测量全海深剖面流速、流向，一次投放过程中可测出整个水柱的海流剖面值随海洋深度变化的规律，效率高、数据量大。

> 图104 MVP

表层多要素自动测量系统

该系统可在航行条件下全自动测量记录表层海洋化学、生物、水文等参数,其基本系统是一个开放式水路循环舱,舱内安装用户需要的测量传感器和化学分析设备,并进行数据管理、采集、记录和传送工作。

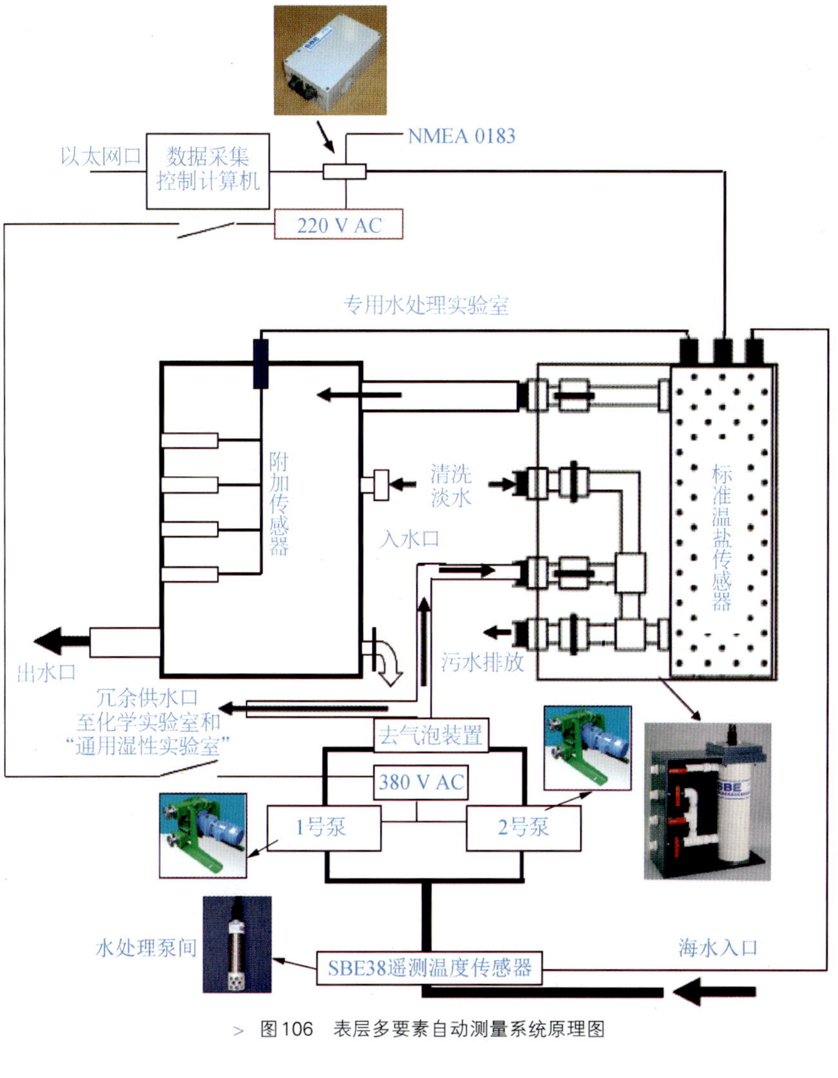

> 图106 表层多要素自动测量系统原理图

科研鱼探仪系统

该系统又称为生物储量评估回声积分仪系统，简称鱼探仪，是进行海洋生态学调查研究所必备的仪器，能通过调频探测出不同水层中海洋生物种类、种群数量、空间分布和迁移动态等海洋生态动力学研究中的关键参数。鱼探仪是善于发现"鱼群"等类似海洋生物种群的"千里眼"，种群的大小、数量、游动速度等，扫一眼就一清二楚。它们通常分为多个频率段，可以发现不同深度处生物种群的活动。一般安装于船体底部或可伸出船底的鳍板上。

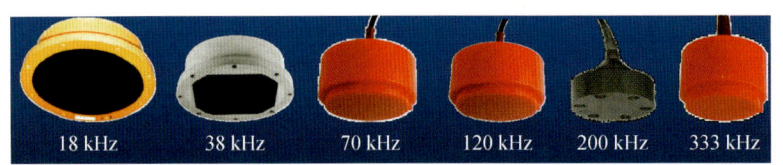

> 图107 科研鱼探仪系统

海底调查

与海水底层相接壤的是海底，一般由固态物质组成。广义的海底按距离大陆的远近划分为海岸带、大陆边缘和大洋底。海底调查就是以它们为对象的调查活动，可分为海底地形地貌与地层剖面系统、海洋地球物理系统、沉积物与底栖生物采集系统三部分。

海底地形地貌与地层剖面系统

海底地形地貌与地层剖面系统主要是利用不同频率的声学信号对海底表面和海底以下的地层进行探测，一般包括单波束及多波束回声测深、浅地层剖面仪探测、侧扫声呐等。海底地形地貌与地层剖面探测是开展海洋地质学研究的基础工作，为海底矿产资源开发、军事海洋学提供必需的基础环境信息。随着调查精度的不断提高，已经成为海底构造学、海洋沉积学及深海矿床研究不可或缺的组成部分。

它分为地形地貌调查和地质取样调查两大类。

地形地貌调查

地形地貌调查主要是通过声学系统进行大面积观察，再通过软件处理形成完整的海底构成图。主要的方式有多波速测深仪、单波速测深仪、浅地层剖面仪观察及旁深海调查等。

地质取样调查

地质取样主要是了解海底的海床构成、生物构成，通过取样器获取某个点或某几个点的海底表面或表层样品，将取上来的样品，分析测试其化学元素的构成、形成的年代。有的为了保持生物在水底原有的活环境，采取保温保压的取样手段。

取样作业有海底拖网作业、无缆抓斗取样、大型重力活塞取样、箱式取样、自治潜水器或遥控潜水器海底取样、海底浅钻等方式。对于拖网取样作业，航速一般在1～2节，依拖网钢缆受力决定速度，作业时间一般几个小时；大型重力活塞取

> 图109 "海洋六号"海底浅钻作业

样作业、自治潜水器或遥控潜水器取样作业和海底浅钻，一般采用动力定位定点或以2～3节的速度走航作业。

 海洋地球物理系统

海洋地球物理系统主要利用重力场、地磁场对海底以下深部地层结构、地质构造、物质组成进行分析和研究，主要包括重力调查、磁力调查和地震作业调查。

重力调查

重力调查通过海洋重力仪来调查研究海洋中重力变化规律，可为导弹飞行、航天、地球物质结构研究等提供基础资料。磁力调查通过拖曳式磁力仪来调查研究磁场变化规律，研究海底矿床分布和地球物质结构等。地震作业主要利用声弹、地震震源系统提供声源，利用水听器接收反射波，再通过专用的软件分析反射波来研究海底的矿床和地球

> 图108 海底拖网

物质结构。重力调查设备一般安装于船的中部,走航过程中保持其恒温。

磁力调查

磁力调查采用拖曳式磁力仪探头,拖带长度300米左右,航速8～10节。

地震作业调查

地震作业一般分高分辨率地震作业和深部地壳勘探地震作业两种。其原理相近,主要是震源的能量和拖曳的电缆长度不同。高分辨率地震作业的能量相对较小,拖曳的电缆长度一般为300～1 500米,船的航速在8～12节。而深部地壳勘探地震作业拖曳的电缆长度一般在1 500～12 000米(根据作业的要求确定电缆的长度),又可以分为二维地震作业和三维地震作业。

拖带的电缆数由一根到十几根电缆,电缆与电缆之间的横向距离一般间隔100米。在进行地震作业的同时可以做重力和磁力调查。地震作业时,船舶按设定的航线航行,位移偏差左右不能超过10米,电缆浸入水中的深度一般在8～12米,长度可达8海里,后面拖有艉标灯。地震作业时船的航速一般控制在5.5节左右。

> 图110 12缆物探船"海洋石油720"在进行地震作业

第4章 科考船的功能与系统

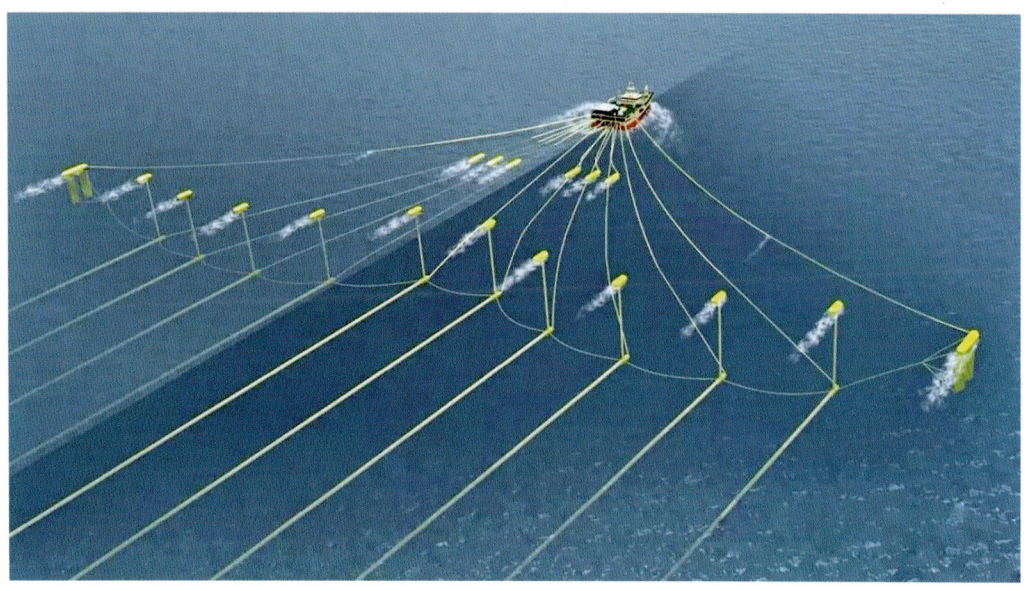

> 图111 地震作业示意图

沉积物与底栖生物采集系统

沉积物与底栖生物采集系统主要用于海底表层沉积物取样、柱状沉积物取样和底栖生物采集，获取的样品主要用于对海底沉积物结构、成分、沉积年代，以及底栖生物群落进行研究和分析。

海底调查主要系统分类

海底调查系统涵盖面较广，主要包括以下船载探测系统：

多波束系统

可用于海底地形探测，是当代海洋基础勘测中的一项高新技术。与传统单波束回声测深仪相比，多波束系统具有水深100%全覆盖扫测、测量范围大、速度快、测深精度和分辨率高、记录数字化和实时自动绘图等优点。

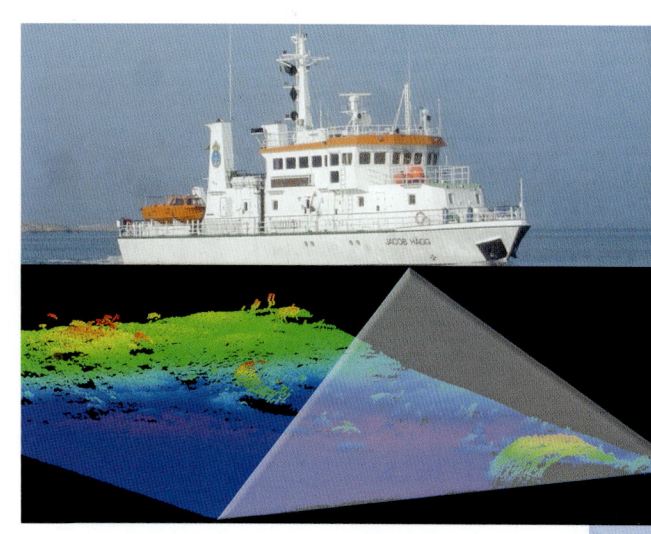

> 图112 科考船上的多波束测深作业

多波束系统就像一台安装在船底的水下照相机，所到之处能将海底的地形地貌精准地"拍"下来，完美地还原地形地貌。它通常可以覆盖以航线为中心线左右2 000米的范围。

根据适用水深的不同，多波束系统可分为深水型和浅水型，大致以300～400米为限，以浅者称为浅水多波束系统，以深者称为深水多波束系统。频率越高，探测深度越小，同时不同频率有不同的波长、不同的测深分辨率。浅水多波束系统和全海深多波束系统，在量程上有较大的重叠区，可以确保实现全海域测量，以满足不同海区、不同精度要求的水深测量。多波束系统一般采用船底固定安装方式。

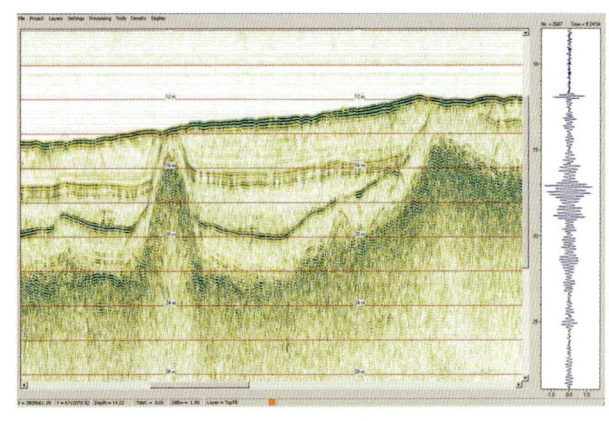

> 图114 浅地层剖面仪获得的地层剖面

万米回声测深仪

主要用于测量水深。相比于传统船用测深仪，万米回声测深仪使用了多频技术，适合在不同深度和不同底质海域作业，除了可获得海底水深数据外，还可以得到地形地貌、底质类型、海底表层软泥层厚度等方面信息。

地层剖面仪

地层剖面仪是连续走航探测海底地层的仪器。根据穿透地层的厚度，可分为浅地层剖面仪和中深层剖面仪，前者探测深度通常为几十米，后者为几百到几千米。声源强度相同时，最大探测深度与最高工作频率成反比。

海洋重力仪

海洋重力仪是海洋地球物理调查设备之一，主要用于海上或海底的连续或定点重力测量。通

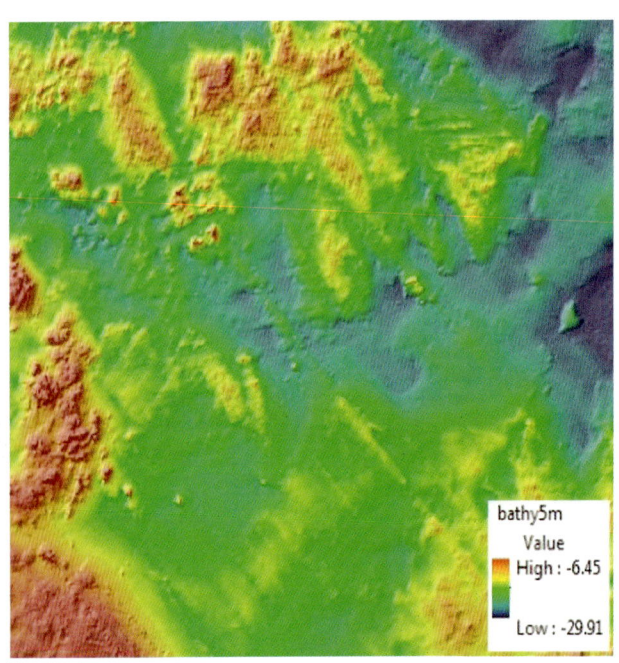

> 图113 多波束系统获得的海底地形图

第4章 科考船的功能与系统

> 图115 海洋重力仪

常安装于船舶的中间底部舱室，可与气枪震源测量同时进行工作。

海洋磁力仪

海洋磁力仪是海洋地球物理调查设备之一，利用海底之下岩层具有不同的磁性并产生大小不同的磁场为原理，在海上进行地球磁场的测定。

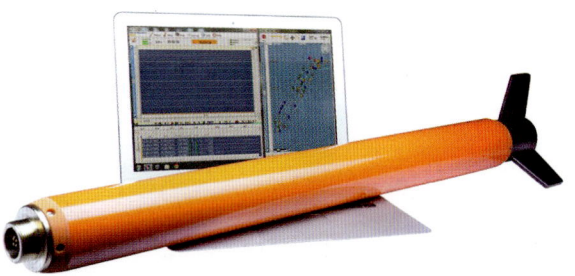

> 图116 海洋磁力仪

海洋地震仪

海洋地震仪（OBS）是海洋地球物理调查设备之一，可以在海底长期记录天然地震活动，也可以进行人工地震探测。

> 图117 海洋地震仪入水前

海洋地震勘探系统

海洋多道地震调查是将地震调查设备安装到船上，利用多道地震拖缆接收气枪或电火花激发后来自海底及海底以下地层的反射，电缆接收到的信号传输到地震仪记录和存储设备后由记录介质记录并存储下来。

沉积物与底栖生物采集系统

主要用于海底沉积物和底栖生物取样，包括箱式采泥器、蚌式采泥器、多管采泥器、重力活塞取样器，以及底栖生物采集系统。不同的取样器用于不同的底质和需求，表层沉积物采样一般多选用蚌式，对样品有特殊要求时（如

> 图118 箱式采泥器

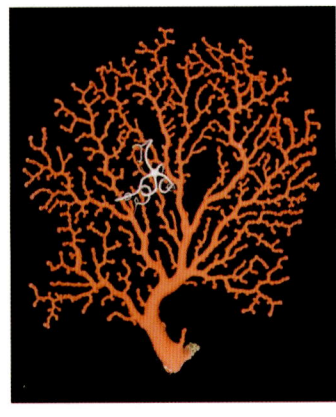

> 图119 多管采泥器　　> 图121 采集于海山上的红珊瑚

> 图120 海底拖网作业

数量大、取原状样和进行底栖生物研究等）则用箱式和多管采样。浅层沉积物柱状岩芯取样主要采用重力取样器和重力活塞取样器。

深海调查

深海极端环境是指按传统的认识在深海中不适合生命生存的环境条件，如没有阳光、高温高压或低温高压的环境条件，但实际这些环境中都繁育着大量不依靠光合作用生存的极端生物群落，对这些极端条件下生命现象的研究已经成为当今生物学研究的前沿领域。

深海调查主要包括以下船载探测系统：

深海拖曳系统

深海拖曳系统依附于科考船，工作时拖曳于水中，沉放于近海底，通过搭载的各种传感器和成像系统等，对深海海底进行近距离的地形地貌、浅地层、近海底水体的物理、化学参数进行测量，并对海底生物进行观测。

整个深海拖曳系统包括实验室监控部分、甲板部分、电缆部分、拖体部分和安装于拖体上的各种传感器。比如，有的深海光学拖体可以以不低于1 600万像素、2.0以上大光圈自动拍照，持续移动摄像，光纤实时传回，通过高清镜头观察海底矿物岩石和生物活动情况，就像是在海底玩"旅拍"一样。

遥控潜水器

遥控潜水器（ROV）是当今世界各国海洋科学考察界极其关注的一项集成性高新技术装备，能够在水下环境中长时间作业，尤其是潜水员无法承担的高强度水下作业，或在潜水员无法到达的深度和危险环

> 图122 深海光学摄像拖体

> 图123 "科学"号科考船上搭载的ROV"发现"号

保养等。

热液、近底生物幼体、浅底层沉积物保真取样系统

运用该系统可进行深海热液、浅表层沉积物中的挥发组分和嗜压型近底生物幼体的保压采样。

境下的作业。

一般可分为观察级和作业级,作业级结构更加复杂,不仅仅停留在"看"的层次上,还会"亲自动手",通过各种机械臂完成复杂的水下作业。比如"科学"号上配置的"发现"号ROV即是作业级的水下机器人。

 自治潜水器

自治潜水器(AUV)也是水下机器人的一种,不需要脐带缆,作业范围可以从几百米到几千米水深,运作时间长达10小时以上,一旦设定观测路线,可以长时间、自动操作,工作效率高。在民船领域,可用于铺设管线、海底考察、钻井支援、海底施工、数据收集和水下设备维护

> 图124 "嘉庚"号上释放AUV

第4章 科考船的功能与系统

> 图125 热液探针

电视抓斗

我们从沙滩上抓一把沙子很容易，如果想从几千米深的海底抓起一撮沙子或一小块沉积物，又要靠什么手段呢？答案是靠电视抓斗，它是深海有缆可视采样系统的简称，是一种现代化技术集成度高、使用灵活方便的海底观测与采样系统，可以通过抓斗获取海底大量样品，并通过自身携带的水下摄像机，观察海底各种现象。

电视抓斗的基本工作原理和我们日常看见的机械抓斗一样，都是模拟双手捧物的动作机理，通过两半斗向下闭合来抓取物体。

小 贴 士

热液生态系统

海底热液区是水下的火山使局部海水增温形成的。海水渗进地壳，被炽热的岩浆加热，同时也溶解了岩石中的一些离子。热液又从地壳薄弱处涌出，遇到冰冷的海水后温度急遽下降，溶解于其中的离子就会析出形成浓重的"黑烟"，这些"烟尘"逐渐沉淀在喷口四周就形成了"烟囱"。

> 图126 海底黑烟囱

20世纪70年代以来，发现的200多处深海热液喷口附近都聚集了丰富的生态系统，在这"暗无天日"的地方，缺乏光合作用，是什么维持了这些生态系统？答案是嗜热细菌的化学合成作用。它们独辟蹊径地利用从"烟囱"中涌出的剧毒硫化氢，分离出硫原子，再将其与周围的二氧化碳、氧气和水结合，形成硫酸盐，进而产生能量。正是这些化学能量取代了光能，制造碳水化合物供初级生物食用，支撑起整个热液生态系统。

但电视抓斗又与一般抓斗存在诸多差异。

首先,电视抓斗可通过其携带的电视摄像头对海底拍照和录像,并通过光纤将视频信息传回母船,母船上的科考人员通过监视器就可以清晰地观察到海底的情况;其次,电视抓斗是一款在深海中使用的抓斗,因而具有相应的抵御深海高压、低温、盐水腐蚀的装置和保护措施;最后,电视抓斗系统还是一个海洋科考设备的载体,其上可搭载诸如水深、水温、水压等用于测量海洋参数的多种传感设备。

如果说深海光学摄像拖体负责"寻宝",那么电视抓斗则负责"抓宝"。

深海电视抓斗一般具有抓臂弯长、咬合面大、斗体宽敞的特点。如同游乐场的"抓娃娃机"一般,电视抓斗能否顺利抓取样品,主要在于位置找得准不准,此时船载超短基线系统可以为电视抓斗提供精准的水下定位。在下潜过程中,抓斗保持张开状态。离海底3～5米时,科研人员通过高清摄像系统观察海底底质类型,确定目标,并操作电脑发出指令。这一指令由万米光缆传到抓斗水下控制系统,再启动电机和液压系统使斗体合拢,深海"宝贝"即被成功抓取。

声学定位系统

声学定位系统是科考船必备的基础设备,主要为水下作业设施,如ROV、潜标、拖缆、OBS等进行导航定位和数据传输。声学定位系统主要有三种类型:长基线定位(LBL)、短基线定位(SBL)和超短基线定位(SSBL/USBL),有些现代的定位系统需要组合使用以上类型。一般科考船上常用的是超短基线定位。使用时基线一部分会伸到船底之下一定距离,不使用时则收回船体内。

> 图127 电视抓斗

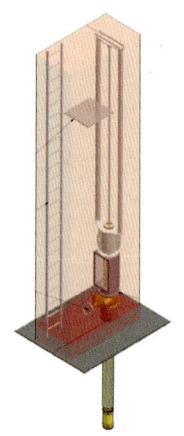
> 图128 超短基线定位系统

第4章 科考船的功能与系统

声学调查

声学调查主要用于海洋声学研究。海洋声学已成为海洋高科技发展的基础和重要组成部分，并为各类先进的船载声学探测设备的研发和使用提供了重要的数据参数。

声学调查主要包括以下船载探测系统：

深海声发射系统

它是主动声学探测系统的"源头"，是研究水声环境特征的主要设备之一。

水平拖曳阵列系统

它是感知水下声信号的基本设备，是一种具有高技术集成度的水声环境测量和记录设备。

深海垂直接收阵列系统

它是感知水下声信号的基本设备，是一种具有高技术集成度的深远海环境水声测量和水文同步记录设备。

数据采集系统

数据采集系统是声学探测系统的重要组成部分，用于采集和存储由声学探测设备感知的声学数据。

> 图129 水平拖曳阵列

遥感信息调查

遥感信息观测印证系统利用船基测量、无人机观测系统、卫星数据接收处理系统实现海空一体化观测,可获取水下、海面、大气多源、多维、大范围海洋物理、动力、大气环境参数,实现对卫星遥感获取的水色参数、海表温度、海面高度、海面风场、有效波高、大气温湿廓线、气溶胶浓度等诸多海洋大气参数的印证。

作为一种三维立体多源观测系统,遥感信息观测印证系统将拓展常规海面、大气测量的参数和范围,同时是印证卫星遥感数据的有效手段,为海洋科学、大气科学、海洋探测技术等科学研究提供技术支撑。

主要设备有海洋光学观测系统、船载无人机遥感观测系统、红外辐射计、多普勒激光大气剖面探测仪、卫星地面站、多波段多极化微波散射计,以及表面海流海浪测量系统等。

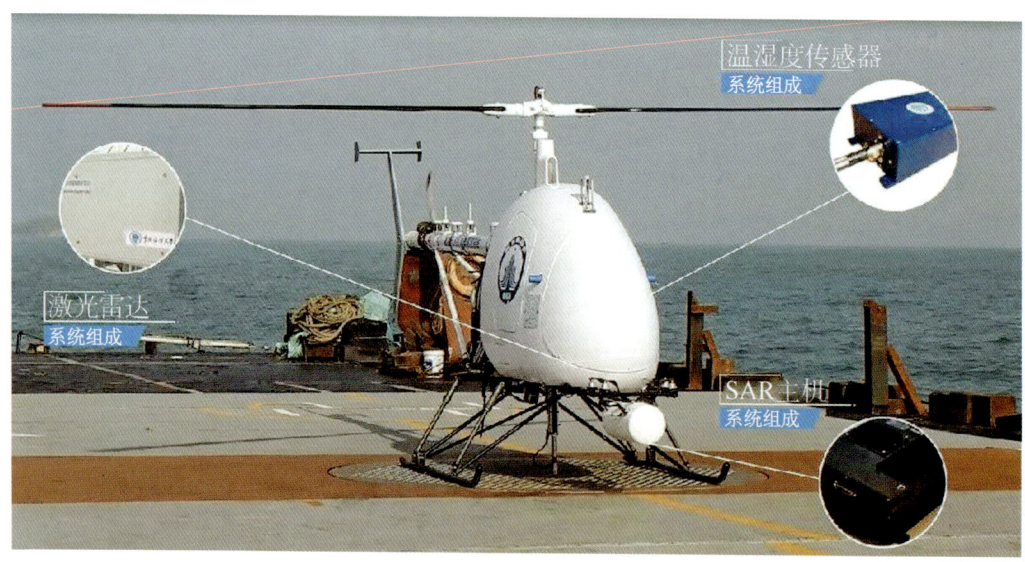

> 图130 船载无人机遥感观测系统

第4章 科考船的功能与系统

支撑系统

科考操控支撑系统就像科考船的两只"手",科学家们利用这双"手"可以很轻松便利地完成船载探测设备的转运、投放、回收等作业,从而为海洋调查研究工作的开展,特别是水文、生物、地质研究等提供强有力的保障。

支撑系统主要包括科考绞车设备和科考收放设备。科考调查作业时,科考绞车设备和科考收放设备往往需要配合使用,它们各司其职,协调工作,使探测设备能安全、平稳地在船舶和海洋之间进行转运和收放操作。

> 图131 利用艉部A型架和绞车释放取样器

科考绞车系统

向海里投放的各种科考设备，大部分都是通过各种缆（钢缆、纤维缆、光电缆、同轴缆等）施放入水的。这些缆就像婴儿与母亲之间的脐带一样，它们有的仅起到结构连接作用，不进行信号传输；有的还向科考设备传输电力和信号。这些缆绳平时收放和存储于绞车系统上，所以科考绞车设备主要指的是用于收放和储存科考作业用缆绳的各种类型绞车的总称。按不同分类方法，可分为如下类型：

按作业类型的不同，可分为地质绞车、深拖绞车、电视取样绞车、水文生物绞车、CTD绞车、痕量金属绞车、ROV绞车、地震炮缆绞车、地震电缆绞车等。

按缆绳种类的不同，可分为钢缆绞车、合成缆绞车、同轴缆绞车、光缆绞车等。

按装船形式的不同，可分为固定安装式绞车和移动安装式绞车。

按工作功能的不同，可分为储缆绞车和牵引绞车。

按牵引形式的不同，可分为组合绞车和直拉绞车。

按驱动形式的不同，可分为液压绞车和电动绞车。

科考作业收放缆时，缆绳一头系到船上，船像放风筝一样拽着缆绳航行。这时各类设备像手电筒一样探测海底，科学家在船里进行监控观测，凭借各种传感器数

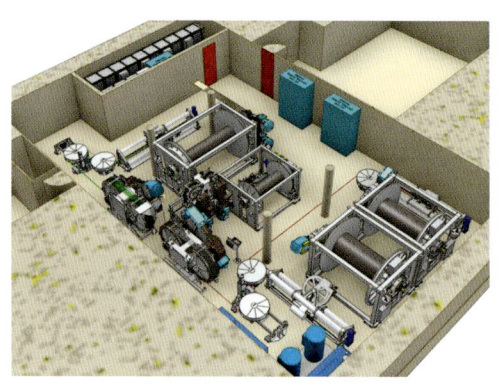

> 图133 船上安装的绞车系统

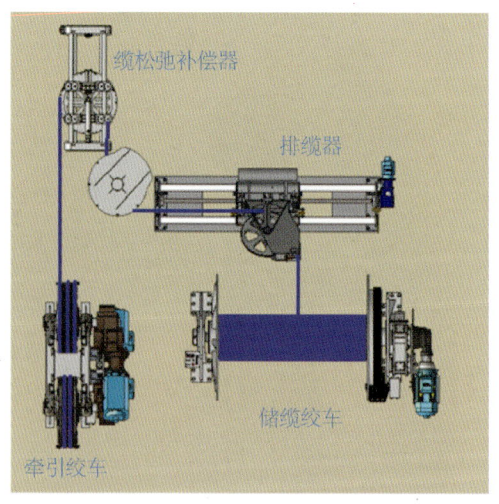

> 图132 纤维缆

> 图134 带牵引的绞车系统

第4章 科考船的功能与系统

> 图135 露天安装的绞车

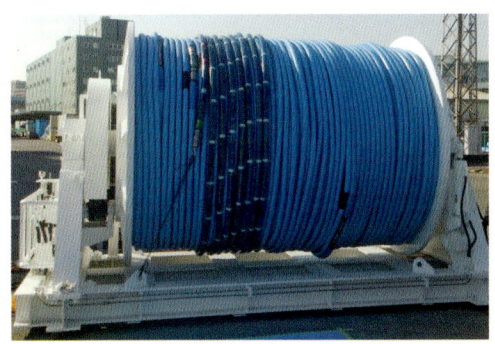
> 图136 地震电缆绞车

面。这些科考收放设备主要包括A型架、科考吊机、CTD吊、柱状取样装置、月池系统、升降鳍板、移动收放设备等。

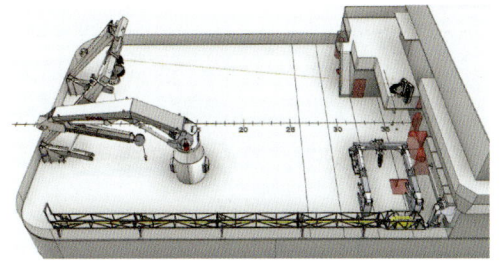
> 图137 尾部甲板上的科考收放系统布置

A型架

由于其为门架结构,外形似大写的字母A,故得名A型架。A型架就像可绕转

钢缆和纤维缆的区别

最主要的区别是重量和密度差异。钢缆因密度较纤维缆大,因此水中重量也更大,对于需要释放几千米甚至上万米缆绳的科考作业,钢缆绞车需要更大的拉力来承担钢缆在水中的重量。而纤维缆,特别是最新的Dyneema纤维缆,在水中的重量几乎为0,因此纤维缆绞车的拉力可以相对小一些。纤维缆比钢缆耐腐蚀,不作业时不需像钢缆那样要涂防锈油脂。当然钢缆也有自己的优势,它比纤维缆更耐磨,另外在进行海底拖曳科考设备作业时,钢缆的重量有利于使被拖曳的设备沉在海底,使操作更顺利。

据和经验判断目标。这种体验,有人称之为"在十几层楼的阳台上寻找地上的一根绣花针"。

 科考收放系统

科考收放系统指的是用于设备吊运和投放的各类起重和作业设备,用于配合绞车系统,实现对船载探测系统的有效操作。科考收放系统就是海洋科考船的"机械手",它们根据不同的科考作业要求,可灵活地将科考设备投放入水或抓离水

轴转动的龙门吊一样，为入水的科考设备提供一个有力的支撑点，是科考设备坚实的"臂膀"。

A型架一般设置在船尾或舷侧，用于水下探测设备的收放。A型架有各种变形，比如少掉一个撑腿就变成了L型架，顶端横梁向两侧延伸就是π型架。一般有可伸缩/不可伸缩、可折臂/不可折臂、带止荡架/不带止荡架多种形式。

A型架作业过程都要经过起吊、外摆、布放三个环节，也就是挂主吊缆，包括提缆、挂钩等动作；把A型架外摆到水面；然后松缆、脱钩，将设备放到海里。其中，提缆、挂钩、松缆、脱钩等动作比较细微，尤为关键，要求各环节衔接得当，尽量一气呵成，否则可能使设备失控而产生摇摆或碰撞，造成设备损坏，甚至影响甲板上的操作人员安全。

A型架顶端通常配置滑轮组和辅助绞车，后者在设备收放时可进行辅助作业。大型A型架的侧面和顶端布置有爬梯和护栏，便于操作人员检修和更换绳索。还有

> 图138 "科学"号尾部A型架

> 图139 "科学"号舷侧A型架

> 图140 "G.O. SARS"科考船上的倒L型架

的A型架设计成可倒式，可平倒放于甲板上，使其检修和绳索的更换更加便捷，缺点是会占用更多的甲板空间和需要更大的动力源。

有的A型架中间还会设置一个止荡装置。大风浪情况下，止荡装置的支点能使设备更加稳定，不会因船身的剧烈摆动而受到碰撞和损坏。

科考吊机

吊机是科考船名副其实的"手臂"，用来吊装各种科考设备，操作灵活、活动范围大、适应工况多，是海洋科考船必不可少的设备。它们大小不同、分布位置不一，既可单独使用，又可互相配合来满足不同的使用要求。

为抵抗海上风浪带来的各种颠簸，吊机需要练就过硬本领，最好能将外力"化为无形"，这就是吊机通常需要考虑的波浪补偿功能，可分为几种类型：恒张力、被动补偿、随动补偿、主动补偿。

表2　科考吊机考虑的几种波浪补偿类型

类型	恒张力	被动补偿	随动补偿	主动补偿
特点	最简单的补偿方式，主要是对比缆绳实际张力和设定张力的差异，通过缆绳卷车的收放来实现	主要通过压缩空气来驱动液压油缸，依靠液压油缸的伸缩来实现缆绳的快速收放，从而实现补偿功能，该方式较恒张力方式的补偿响应速度更快	吊机上带有主钩和补偿钩，补偿钩与对方船上甲板连接，开启补偿功能时，补偿钩随着两船间的相对运动进行缆绳的收放，此时主钩将保持与补偿钩同步，也同时相应地进行缆绳的收放，从而实现补偿功能	技术含量最高，也是最有效的补偿方式，通过船舶运动姿态传感器获取船舶实时运动信息，并根据船舶运动状态来控制缆绳绞车的收放，从而实现补偿功能

由于船上吊机的吊臂都很长，在吊机不用时，人们总是希望这些吊臂能减少对甲板空间的影响，所以这些吊臂都会以适当方式"收藏"起来。比如分成几段折叠起来，称为折臂式；或者像可伸缩望远镜那样一节套一节，称为伸缩式；或者同时采用前述两种方式，称为伸缩折臂式。

> 图142　科考船上的伸缩折臂式吊机

CTD 收放装置

为专门用来收放带CTD采水器的一种吊机，主要用于CTD船侧收放作业。基本形式有舱内安装式和室外甲板安装式，也可利用A型架收放。

> 图141　科考船上的折臂式吊机

> 图143　室外甲板安装CTD收放装置（左下）、室内安装CTD收放装置（右下）

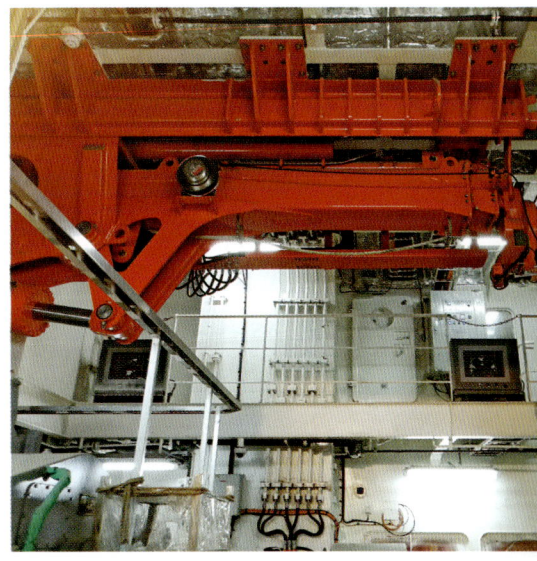

> 图144 "雪龙"号利用尾部A型架释放CTD

> 图145 柱状取样装置——带翻转机构

柱状取样装置

要获取海底地质样品,需要依靠一种叫"柱状取样装置"的设备,其基本原理是取样器靠自身的重力作用贯入海底,取得近似于贯入深度的海底沉积物柱状样品,贯入深度取决于海底的硬度和取样器的结构形状与配重,一般取10~20米,最长可达50米。

海底沉积物取样技术主要应用于海底矿产资源勘探、海洋工程地质勘探和海洋地质学研究。目前主要采用的是集中取样器形式,取样装置根据不同的原理可分为两种:一种是带翻转机构的,主要采用舷侧下放取样管的方式;还有一种不用翻转机构,而是利用轨道和尾部A型架实现取样管下放。

月池系统

大型科考船上一般设有月池系统,是一种在船体中央的开口面积较大的通海

> 图146 柱状取样装置——轨道和尾部A型架下放

井，用于收放或安装一些体积较大的入水探测设备或在周边海域不适合（如冰区、恶劣海况等）时收放设备。一般由支持臂、支持臂绞车、滑轨、上月池盖、下月池盖五部分组成。

> 图148 月池内的双壳结构

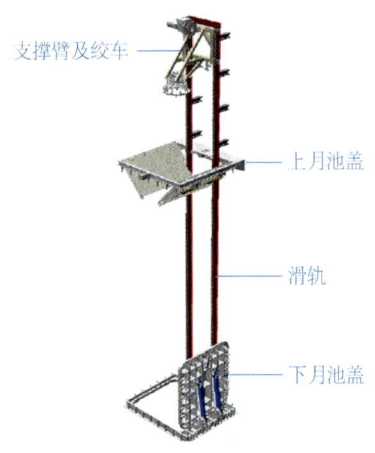

> 图147 月池系统仿真图（不含通海井）

在南北极区开展调查作业，鉴于气候条件的限制，因船舷周围冰盖的原因，有些舷外作业的科考项目（例如水文和生物水下仪器的投放）需借助月池进行，因而极地破冰科考船需要在船中附近设置一开口月池。

月池的位置应考虑CTD绞车、水文生物绞车等在船上与月池的兼用性。月池不能离绞车太远，否则走缆很不方便。

双壳结构 为减少海水的冲击载荷同时降低航行时的啸叫声，月池周围需采用双壳结构，内部采用通孔形式进行消波。

封盖系统 月池在船底开孔并贯穿几层甲板直到月池车间的操作甲板。月池开口在船航行时水流的冲击对船的水密性有较高的要求，底部采用关闭装置时要考虑底部水流和冰流对关闭装置的顶升力和拍击，由于非常强烈的上涌冲击力往往导致舱盖的破坏和折断，月池净开口越小，水密可靠性就越强。月池上部一般设置折叠式风雨密舱口盖，舱盖采用埋入式安装方式，使之与甲板齐平，舱盖放平时可用于存放物品。

辅助设施 辅助设施是为了确保设备方便施放和回收，并在作业期间设备不会与月池的内壁碰撞、线缆不会与月池底口边缘直接摩擦，同时需确保在月池作业人员的安全。此外，应考虑月池内部结冰时有相应的除冰设施。

升降鳍板

在很多海洋科考船船底中前部的位置上，经常可看到一种类似可升降的舵一样的装置，有的船上只设一个，有的则成对出现。在科考作业航次中，它们伸到船底以下一定距离，非作业航次中则收起至船底齐平的位置。这种一般安装在船体中部

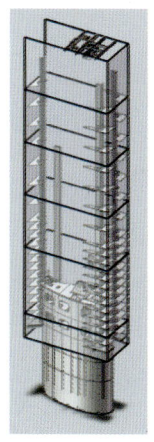

> 图149　升降鳍板

通海的竖直井道内、作为船载探测设备安装载体的装置，称为升降鳍板。

现代科考船通常都会携带和安装用于探测的精密仪器设备，很多仪器设备往往对振动和噪声有着严苛的要求。

我们知道船航行于水中时会受到水的阻力作用，其中一部分阻力是由于水的黏性引起的，它们"包裹"住船体，形成湍流层，阻碍其向前运动，加之海况恶劣时艏部气泡也会下泄到船体底部，这些湍流层和气泡会"蒙蔽"科考设备的"双眼"，使得它们无法准确探测水中和水底目标。

为此科学家和船舶设计师一起想出了将部分要求高的探测设备安装到可伸出船底的鳍板上的办法。升降鳍板可有效减少船底湍流层中气泡对其上搭载的探测设备测量效果的影响，大大提高了探测数据的质量和精度。

鳍板系统主要包括鳍板、提升机构、锁紧机构、辅助绞车、安全保护装置、控制系统等。鳍板上安装的船载探测设备，常见的是鱼探仪、ADCP、摄像头、洁净海水取样管等，工作位置可降至船体基线下2～3米，巡航状态时鳍板底板与船体基线平齐，这样就不会影响船舶正常航行速度了。

为了减少下放鳍板对船体阻力的影响，鳍板剖面线型一般采用流线型。鳍板还有一个好处就是很容易在航行中完成设备的维修工作或者对设备进行更换，大大节省了时间和资金，提高了科考船使用效率，而那些固定安装在船体底部的设备，必须返回港口进船坞进行检修，费时又费钱。

鳍板提升下放的方式有依靠重力下放的，也有借助伸缩油缸下放的。由于鳍板上安装的探测设备对鳍板的定位精度有严格的要求，所以鳍板设计时必须考虑如何与船体之间有效"卡位"，保证不会出现松动问题，否则海况恶劣时鳍板出现晃动，会导致探测的数据出现偏差。

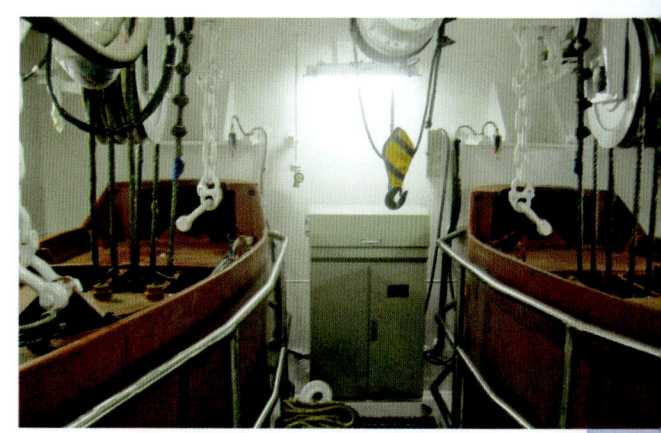

> 图150　"科学"号升降鳍板舱内部

科考工作处所

科考工作处所是船上科考活动进行的主要场所。海洋科考船作为科考作业的平台，应保证科考作业安全、顺利、高效地完成，确保获取的数据真实可靠，减少对环境的影响。现代海洋科考船通常可满足多学科交叉研究的需求，具有多功能、多任务的特点。科考工作处所一般包含作业甲板、实验室及辅助舱室三部分。

几乎所有科学家都会在实验室活动。目前的科考趋势越来越着重于原位分析，实验室的种类和功能都已经发生了天翻地覆的变化，在海上能够完成的实验种类已经可以媲美陆上实验室的能力。而海上实验室更为紧凑的布置、多单位多学科的综合交流和数据的"新鲜度"都是陆地实验室所无法比拟的。

目前，随着网络技术的日新月异，海上实验室的工作效率和成果的准确性都已经有了飞跃式的发展，在不久的将来，海上实验室将会超越陆上实验室，成为学术成果的主要诞生地。

除了实验室之外，大量的科考仪器设备、样品储藏和科考作业的准备及周转都需要大量的空间。这就需要我们在海洋科考船上设计多种类型的工作处所以满足室内外的不同作业要求，而这些工作处所的设计合理与否直接关系到了作业安全和效率。

特殊装置

地脚螺栓

一种嵌入甲板的螺栓底座，在开阔的工作甲板、车间或者实验室内呈矩阵状布置，具有很强的通用性，可以用来安装、固定、绑扎临时的科考仪器设备。

> 图151 利用地脚螺栓临时绑扎设备

C型槽

设置在科考船实验室内舱壁和天花板上的一种类似于轻钢龙骨的筋条，可以用于临时挂装仪器设备，方便实验室功能

第4章　科考船的功能与系统

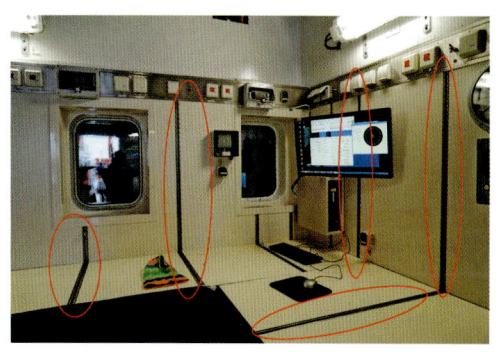

> 图152　利用C型槽安装的主机和显示器

切换。

飞缆托架

由于科考船的可扩展性，不同的区域都会增设不同的仪器设备，而这些仪器设备势必需要电源、信号等电缆的拉线。由于未来装船设备的不可预知性，这些电缆不能事先预理，飞缆托架的出现就是方便临时拉缆，既保护了电缆，又不影响工作人员的安全。

科考实验室

科考实验室是船上进行各种室内实验的集中场所，这些实验室内一般配有为各种海洋学科服务的精密仪器。实验室一般尽量集中于一层布置，通常分布于主甲板中后段，可降低船舶摇摆运动的影响。

根据科考作业样品流、人员流、数据流的流向，考虑样品采集、分发、处理的便捷性、高效性、安全性，实验室所在区域应距各自作业点最近，各流向的路径最短。

按学科适应性，可分为通用实验室和专用实验室两类。

通用实验室

由于科考船上的实验人员来自大气、水体、生物、地质等不同的学科，如果为每个学科都预留一定面积的实验室则会造成科考船上的面积浪费，因为在同一航次同一时间段内不可能出现各个学科同时利用实验室的情形，多学科共享大面积的实验室被实践证明为比较高效的做法。所以目前综合科考船上除了一些特定功能的实验室之外，都会设置面积较大的通用实验室。这类实验室的内部并没有安装特定的仪器设备，却预留了可以安装各类设备的接口，真正做到了即插即用。

通用实验室的主要作用还是定位在一个多功能工作空间，可用于临时存放、分样和处理来自工作甲板的样品，包括地质、沉积物、捕获的浮游生物和鱼类等

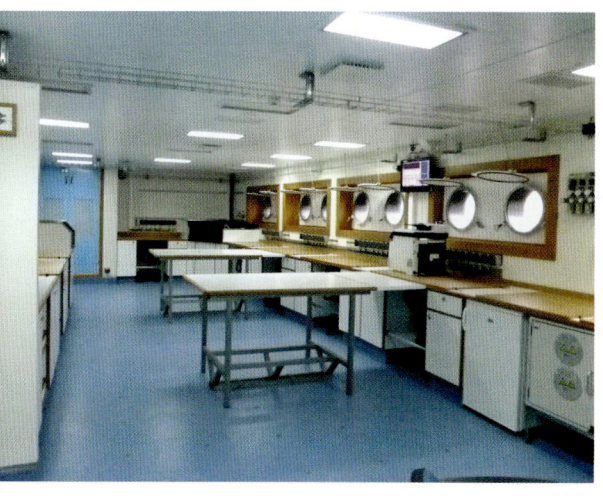

> 图153　实验室顶部的飞缆托架

样品。

根据实际情况来看，通用实验室还可以分为通用干性实验室和通用湿性实验室，或者不做严加区分，合并为通用干湿实验室。

干性实验室和湿性实验室的最大区别是通用湿性实验室会处理大量带有水分的海洋样品，所以其地面、家具和电气都应该考虑防水性。有一些科考船的实验室面积很大，实际使用时会使用软隔断分成不同的工作处所。通用实验室一般要留有走道并设置净开口尺寸较大的门，以保证实验室可以便利地搬运大件样品。

专用实验室

由于通用实验室存在人员杂乱、环境恶劣等缺点，所以承担特殊实验任务、安装精密实验仪器的场所会单独设置一间实验室，这些实验室主要有：大气实验室、走航海水分析实验室、温控实验室、地球物理实验室、重力仪室、电子实验室、洁净实验室等。

由于每个单位的用船习惯不同，上述实验室的名称可能略有差异。

> 图154 "科学"号的通用湿性实验室

> 图156 "科学"号的大气实验室

> 图155 "科学"号的通用干性实验室

> 图157 "科学"号的温控实验室

> 图158 "科学"号的电子实验室

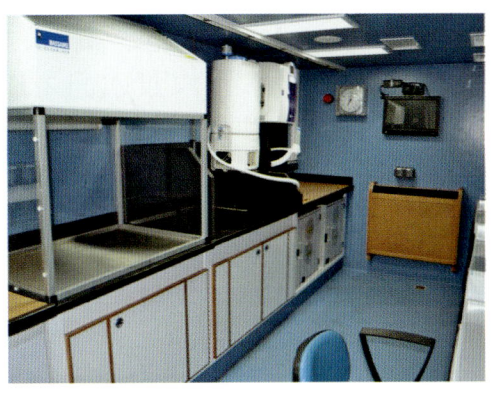

> 图159 "科学"号的洁净实验室

科考作业甲板

科考作业甲板是科考船上进行室外作业的主要场所，一般分为艉部、顶部和艏部三个区域。为便于科考设备的布置，除了顶部罗经甲板外，工作甲板一般不设置梁拱，采用平式甲板。

艉部

艉部是船上露天科考作业的主要场所，绝大部分的科考收放系统均布置于此。可分为艉部作业区和右舷作业区。为尽量减少污染对获取样品洁净度的影响，按左右分区的原则，船上的科考作业一般在右舷完成，将所有排水、排气等管路尽量集中布置于左舷，左舷一般用于常规船舶操作（如工作艇收放）、ROV及拖曳式声学设备的收放。艉工作甲板应宽敞无阻碍，甲板面上应尽量减少凸起物。艉部系泊设备通常采用紧凑的立式绞盘，甚至可拆式。为方便作业，艉部舷墙、带缆桩等也可采用可拆式。

艉工作甲板一般设置大排量的甲板泄水口，以应对样品采集时瞬时、大量排水的需求。一般全甲板设置地脚螺栓，作为科考设备系固点。常用的集装箱实验室位置处应设专用箱脚，其他临时上船的集装箱采用地脚螺栓系固。右舷作业区应保证一定的宽度，可铺设木铺板，既可保护科考作业设备，又可降低对下层甲板舱室的噪声影响。考虑到临时上船设备快速接入船舶或科考系统的要求，所有工作甲板区应设置必要的水（海水/淡水）、电（电力及信号传输）、气（压缩空气/特种气体）的接口。整个艉工作甲板都应被科考吊机覆盖到。

右舷作业区自前向后一般布置有CTD收放装置、水文吊臂或舷侧A型架/L型架/π型架、长柱状样取样装置等。

艉工作甲板自前向后一般布置有：

主吊 船上起吊能力最强、吊臂覆盖范围最大的吊机，一般为海吊，可在海上作业。通常居中或略偏左舷布置。用于工作艇收放、舷外设备收放辅助、科考备品备件及集装箱实验室吊运等。由于吊机本身重量很大，其左右舷运动时可能会造成船舶姿态较大的改变，尤其是在船处于轻载状态时，所以主吊使用时尽量选取天气好、海况平静的时候。吊筒体上经常开有缆绳进出通道。

舣操控室 俗称"八角楼"，因其外形经常是八角式带八面玻璃而得名。它就像一个缩小版的驾驶室，不过主要针对科考设备进行集中控制，一般也拥有360度的观察范围。

由于科考船上配置的绞车和起吊设备种类繁多，如果按常规操控模式，需要耗费大量人力且要求人们相互之间配合默契。与陆地上设备的收放和起吊不同，海上作业需根据海上的风浪情况和船舶的摇摆姿态实时调整设备收放节奏，绞车与起吊设备之间必须紧密配合才能保证设备的稳定工作状态。因此对于海上作业来说，采用集中操控无疑是最理想的方式。

在敞亮的"八角楼"里，作业操控台上一般布置船上所有绞车、A型架、重力活塞等设备的控制装置，墙壁上悬挂着显示屏，实时地显示和监控着绞车舱内的绞车、甲板上的起吊设备的运转工况，以及入水设备的姿态。

有的科考船为了能更精准地实施海上作业，在舣操控室里还会安装一套船舶驾控系统，可以直接操纵船舶。

因为在设备收放过程中需要不断地变换船舶姿态（如调整航速、调整船艏向等），所以甲板上的作业指挥员需要通过无线对讲机与驾驶室取得联系，再由驾驶员来调整船舶姿态，这样不仅时间上有延迟，而且易出现误判的情况。对于舣操控室内安装了船舶驾驶系统的科考船，在很多复杂的科考活动中会由船长现场指挥作业，并通过舣操控室的驾控台实时操控船舶，而驾驶室里的驾驶员仅负责瞭望周边海域的安全情况，确保海上作业更加安全和顺畅。

舣操控室的设计不仅给工程技术人员提供了良好的作业环境，也是科考船上欣

> 图160 "科学"号的舣操控室及其内部

> 图161 "嘉庚"号上的艉操控室

赏海上美景最好的地方之一。艉操控室几乎已成了综合科考船的"标配"。

艉部辅助吊 根据需要可左右舷各设1台，或仅右舷设置，用于舷外设备收放辅助。

舷侧扩展支架 作为地震作业炮缆支架或舷侧设备收放、生物拖网用。

艉部A型架 吊点可承受的负荷最大，可用于深海低速拖曳大型拖体。关键参数有A型架净高、两脚净宽、负载能力（静态载荷/动态载荷）等。为减小对艉工作甲板的影响，A型架处于收放状态时一般处于与工作甲板垂直的直立状态，只有在作业（舷外）或检修（舷内）时才处于与甲板接近齐平的状态。

在艉部A型架下方通常还会设置一个长长的滚筒装置，利用它的滚动，可以尽量减少摩擦地将设备放入海里和回收到甲板上。在设备拖曳时，钢缆倚在艉部滚筒上，滚筒会随着受力情况自由转动，避免了钢缆的摩擦损坏。为了避免设备收放时被卡在船底或船舷，或被尖锐的舷边结构割断，科考船艉部的转角处通常被设计成圆弧形，就像有小孩的家庭里在家具上设置的防撞碰垫一样，起到很好的保护作用。

顶部

分遮蔽作业甲板顶和罗经甲板顶。遮蔽作业甲板顶一般设地脚螺栓，常布置甲板滑轮、生物绞车、洁净绞车等。罗经甲板顶一般设海洋生物观察用的遮蔽区、大气采样设备、移动式绞车、各种天线及雷达等，其两舷侧也可布置支架。

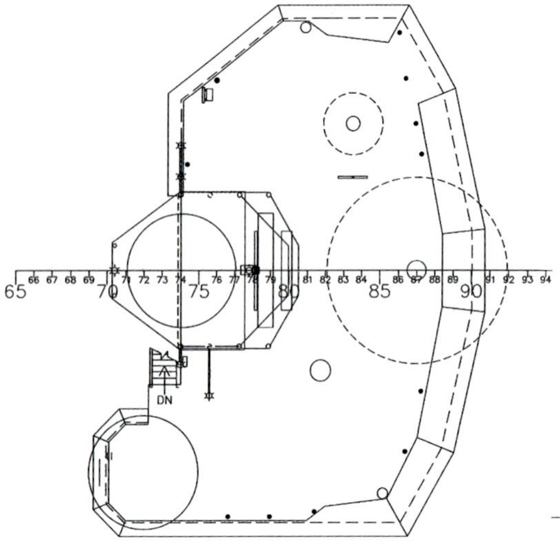

顶视图

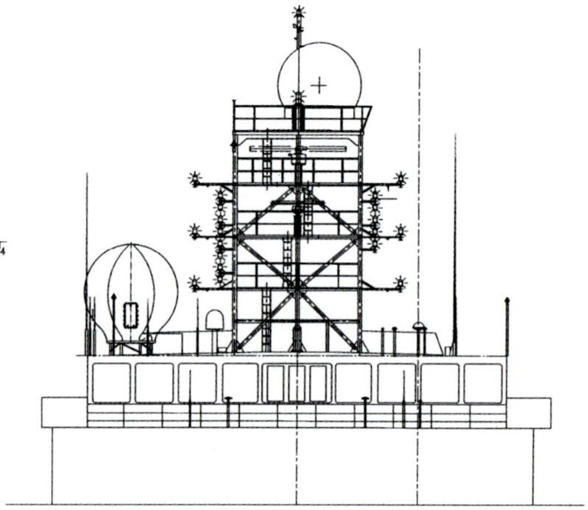

前视图

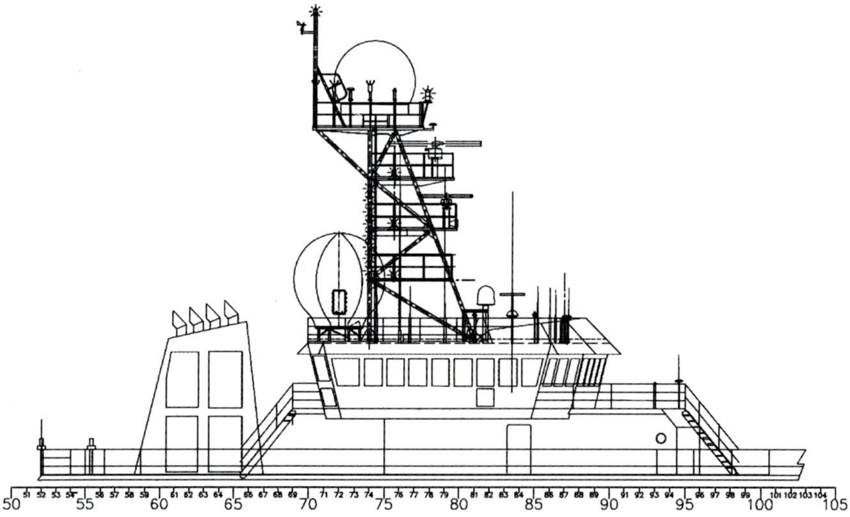

侧视图

> 图162 “嘉庚”号的罗经甲板上复杂的天线布置

艏部

根据科考作业需求,艏部科考作业的露天甲板通常也设地脚螺栓或埋嵌式集装箱底座,布置集装箱实验室、移动式绞车及吊杆等,但由于艏部甲板面积较尾部要小,设置的科考设备数量有限。对于有气象研究需求的科考船,一般前桅(此时又称为"科学桅")顶部应设置采样平台,上设海气通量、大气采样等设备,由于此位置最先接触海上的气流且远离上层建筑、甲板各种突出物及船上烟囱,是空气最纯净且不会受遮挡物干扰的地方。在桅体内或桅的下层甲板上一般布置相应的气象或大气实验室。

> 图163 "嘉庚"号科考船的艏部科学桅

第5章
我国海洋科考船

起步

1872—1876年英国"调查者"号科学考察船完成首次环球海洋考察,促使海洋科学逐渐成为一门独立的学科。此后中国历经清朝晚期、中华民国临时政府时期、北洋军阀时期和国民政府时期,经历了半殖民地半封建社会形成到瓦解的一段历史,列强欺凌、军阀混战、抗日战争和内战的消耗,国家积贫积弱、民不聊生,中国的海洋科学发展非常迟缓,海洋调查仅局限于海洋生物学和海岛测量。

1949年,新中国诞生,然而建国初期,百废待兴,在当时极其艰苦的环境下,党和国家领导人仍然给予了海洋科学考察事业持续地关注与支持。1950年8月,由著名科学家童第周、曾呈奎、张玺等主

> 图164 中国科学院海洋研究所

持成立了国家第一个海洋研究机构——中国科学院青岛海洋生物研究室（今海洋研究所前身），中国的海洋科研之路蹒跚起步。

或许今天难以想象的是，此后几年的海洋考察要么只能在海边沙滩上、海岸潮间带等地进行，要么是靠渔船、货船、军舰甚至小舢板完成，海洋科学考察是"搭便船"，海洋调查工作无法正常进行，科考仅局限于沿岸和近海。当时，海洋科考的条件非常艰苦，缺乏专业设备，海洋地质和生物的取样基本就是靠一张网，要测量海水的温度、盐度、深度，只能在钢丝绳上绑上若干个温度仪。

1956年10月，国务院科学规划委员会制定十二年科学发展规划，将《中国海洋的综合调查及其开发方案》列入第七项，这是中国首次将海洋科学研究列入国家科学技术发展规划，为了落实国家海洋综合调查规划。海洋科学家们提出："研究海洋不出海是不行的，我们急需配备专用的调查船。"此建议上报至国务院，日理万机的周恩来总理高度重视，当即批示有关部门解决，于是才有了我国第一艘改装而来的科考船"金星"号。此后我国的海洋科考船正式走上世界的历史舞台，并逐步加快自行设计和建造海洋科考船的步伐，使我国成为第一批设计、建造专业海洋科考船的国家。

新中国成立到20世纪50年代中期，是海洋科考船设计经验的逐步摸索时期，其特点是利用已有渔船、拖船和旧军用辅助船等进行改装，并且应用区域限于沿岸和近海，船的吨位普遍偏小，一般在1 000吨以内。50年代末开始考虑设计、建造新船，可以说仍有一定的试验成分。

"金星"号

1957年，新中国终于有了自己第一艘海洋科考船——"金星"号。"金星"号是中国第一艘改装而来的现代化海洋科考船，由上海海运局一艘购自美国、建于20世纪初的海洋救助拖轮"生产三号"改装而来，总吨位930吨，满载排水量1 700吨，设有物理、化学、生物、地质等6个实验室和1个气象观测室，主要用于近海相关的各项研究。船上配备了自记水温计、无线电测向仪等新式仪器，能够自动记录海洋的温度、海流、深度，其设备在当时是最完善的。

一颗"金星"亮度有限，却仍然照耀着共和国初期的海洋。

1957年6月8日，"金星"号驶离青岛港，前往渤海海域，正式拉开了我国有史以来第一次综合性海洋考察的序幕。中国科学院海洋生物研究室海洋考察队随同考察船出海工作，海洋物理学家毛汉礼博士任考察队队长，经验丰富的戴力人为船长，另有4位苏联海洋生物学家随队配合考察。一年后的1958年，国家科委又组织海军、中科院、交通部等60多家单位、

> 图165　1957年中国改装完成的第一艘海洋科考船"金星"号

600余名科技人员，以"金星"号为主力开展了大规模的全国海洋综合调查——人们习惯称之为"海洋大普查"，除了台湾海域及南海外，基本摸清了我国领海状况。"金星"号海洋科考船此行，为我国开发和利用海洋资源收集、提供了各种资料，是我国首次对海洋、海产进行的系统性调查研究，揭开了我国海洋研究工作崭新的一页。

调查项目非常全面，几乎覆盖了所有海洋科学的相关学科，并评估了渔业资源。调查成果最终汇集成34册书籍，含各种原始记录和资料报表9.2万多份、图表7万多幅、标本和样品1万多份。此次调查还促成了中国和越南的合作项目"中越北部湾联合考察"。

1958年调查中未曾触及的南海空白，20世纪70年代陆陆续续被补上，前后历经20余年。考察以循序渐进的方式进行，先西沙，再中沙，最后是南沙，几乎将南海海域大致探了一遍。

1980年，在海上驰骋了20多年的"金星"号光荣退役，作为我国海洋科考船当之无愧的"先行者"，它的功绩不可磨灭。"金星"号的诞生，标志着我国真正具备条件走向海洋、开展真正意义上的海洋调查和研究。

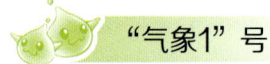"气象1"号

1959年7月，中央气象局出于预报灾害性气候以及保证渔业生产安全的需要，委托当时的船舶产品设计院第二产品设计室袁随善在苏联专家的指导下设计了"气象1"号专用海洋科考船，该船是我国自主设计建造的第一艘海洋科考船，于1960年7月交付使用。

"气象1"号船长55.3米，型宽9米，型深6.1米，吃水3.5米；标准排水量791吨，设计航速14.5节，动力为2台600马力柴油机，续航力5 000海里，人员62人。该船设有气象、水文、生物、化学试验室

及制氢室，并配有水文吊车4台、测深仪1部。

1963年国家对海洋调查工作进行调整，将海洋水文气象调查工作转给中国科学院，中央气象局因此将"气象1"号划拨给海洋研究所，因而更名为"水星"号。船体颜色也摇身一变，由原来的绿色改为奶黄色。

1965年，中国科学院海洋研究所又将"水星"号移交国家海洋局北海分局。"水星"号后来的主要调查工作集中在我国黄渤海及东海水域，并于1971年参加了科教片《海潮》的拍摄。1984年8月，服役了20余年的"水星"号正式退出历史舞台，但它却留下了浓墨重彩的一笔。

> 图166　1960年我国自主设计建造的第一艘海洋科考船"气象1"号（后改名为"水星"号）

发展

20世纪60—80年代，经过早期改装船和小型科考船的试制经验积累，我国已逐步掌握科考船设计和建造的关键技术，近海调查已不能满足国家海洋科学和国防发展的需要。随着国家重大海洋专项的提出及远程运载火箭发射试验等国防工程需求，我国开始有计划地发展不同型号的远洋科考船。新船不断建造，既有综合型的，也有专用和特种科考船，调查海域从近海发展到远洋，船舶大小从数百吨级发展到数千吨级甚至万吨级以上，为我国海洋科学调查研究提供了较为充足的技术装备，开创自主设计和建造批量大型远洋科考船的时代。由于国家国防建设的需要，这一阶段的科考船型基本属于军民两用型，船型设计时一般类似军船有个编号，其船体线型、布置特征甚至人员编制上更偏向于军舰，线型瘦长、上层建筑矮小、抗风能力强、人员编制多。在很多情况下，这些科考船是和海军军舰一起执行任务的，为了不"掉队"，它们的航速一般都不低，在18节以上。

这些船舶，有的到过南极洲，试采了深海锰结核；有的到过南太平洋，进行大量的高空气象调查；有些船参加了中日合作西北太平洋黑潮调查；有的则参与中美合作调查南太平洋。因此，我国的科考船已不再只限于从事国内科学考察工作，也逐渐参与到国际合作中。随着海洋科考的深入，科学家们逐渐认识到海洋科考船既需要在海上准确定点，又要在同一海区各网点同步观测，进行实时处理信息数据，只有成队配套才能达到较理想的要求。因此，既需要发展综合各学科研究的科考船，也需要发展一些高效专用的科考船，各司其职，互相补充。20世纪70—80年代是海洋科考船的迅速发展期，经过前十余年的经验积累，科考船的数量和质量都上了一个台阶，已经形成了一个庞大的家族。它们通常为我国四大行业部门系统所有：国家海洋局、国土资源部、石油系统及高校科研院所。

"东方红"号

1965年我国建造了"东方红"号海洋调查船，主要用于我国周边海域的科学考察任务。此船最大的特色是兼具学生实习功能，面向海洋学科的高校学生培养和海上实习，同时船上设有各类实验室，涵盖海洋气象、海洋化学、海洋物理、海洋地质、海洋生物、航海等各学科，可进行各类海洋科学考察。交船后，"东方红"号海洋科考船先后执行了数次海上科考实习任务。1979年1月，"东方红"号海洋科考船建制从国家海洋局划归中国海洋大学。1981—1995年，共完成了118个航次的出航任务，安全航行18万海里，出色完成了141个断面、26条测线、2 282个大面观测站、408个连续观测站的观测任务，先后完成了长江口、胶州湾、黄渤海、山东海岸带、东海、辽东湾、南黄海等各海域的调查任务，先后4次赴日本进行友好访问及进行海上考察任务。

> 图167 1965年建成的"东方红"号

"实践"号

1961年设计、1968年10月交付使用的"实践"号作为我国自己建造的第一代无限航区综合科考船,承载着我国老一辈海洋工作者"查清中国海、进军三大洋"的光荣与梦想。40余年的风雨历程,它执行过全球海气相互作用的国际合作调查和连续7年的中日黑潮联合调查任务,相继完成了我国近海和大洋的一系列海洋调查任务。21世纪以来,为适应我国海洋工作需要,该船更名为"中国海监52"号,又在我国海洋权益维护、海洋执法监察和海洋调查监测任务中发挥过重要作用。

> 图168 "新实践"号

2014年，这艘有着47年船龄的新中国第一代综合科考船，经过历时一年多的维修改造后焕然一新，被命名为"新实践"号，以新的姿态出现在人们面前，从此我国海洋科考船队又增添了一艘多功能综合科考船。

"向阳红10"号

"向阳红10"号是整个向阳红系列中首艘排水量超万吨的巨轮，编号10是在这个庞然大物研制出之前就选定的，是我国为远程运载火箭全程飞行试验（代号"718工程"）首次研制的大型综合科考兼远洋通信船，于1979年建成，满载排水量1.3万吨，具有抵抗12级风和环球航行的能力。

> 图170　1979年建成的我国首艘万吨级远洋科考船——"向阳红10"号

"向阳红10"号承担着复杂的使命任务，包括勘查海上试验靶场；发布所在海域的中短期天气预报和危险天气警报，为试验船队和火箭飞行试验提供水文和气象保障；调查地球重力场、磁力场，为弹道修正提供资料；保障远洋通信和试验时的转信及通信频率预报；调查海

> 图169　1969年建成的3 000吨级综合科考船"实践"号

洋水声，为火箭数据舱水下打捞的水声布阵提供海洋水声资料；承担直升机遥测任务等。

根据国外船舶的常规分类，承担上述任务的船应分别为海洋科考船、气象观测船和通信船等三种不同类型的专用船。但因当时经费困难，结果该船综合了三种船型的特点，设计成一艘大型多用途船舶。

该船设有10层甲板，用了近7 000吨钢材，安装了近9 000台仪器设备，铺设管路近29千米，敷设电缆190多千米，其施工量相当于3艘万吨级货船。

在船上除设有一般海洋综合科考船所有的各种仪器设备和实验工作室外，还设有大型舰载直升机系统，可满足一架"超黄蜂"型直升机长期在海上使用的要求；气象中心系统可承担中短期天气预报和危险天气警报；全天候远洋通信系统可保障多网络大容量全天候数据通信和中继转信；大功率海洋水声系统可长时间连续进行海洋水声测试和声呐设备试验；深潜工作艇系统。

> 图171 舰载直升机（"向阳红10"号）

在世界各国众多的海洋科考船中可以说找不出第二艘类似这样别具一格的独特船型。因此，日本的《世界舰船》杂志在报道该船时称之为大型特殊船。

该船参与完成了我国首次向太平洋海域发射运载火箭试验，1984年11月20日至1985年4月10日，历时142天，该船与海军J121打捞救生船及南极考察队、南大洋考察队共591人；开拓性地完成了我国首航南极及南极长城站的建站任务；完成了首次南太平洋科学考察任务等，取得了丰硕的成果，载入了我国光辉的航海史册。

1985年该船荣获首届国家科学技术进步特等奖。

因为该船型的成功研制，该船舶总设计师张炳炎在1995年当选为中国工程院院士。

> 图173 "向阳红10"号改建成"远望4"号航天测量船

> 图172 我国科考船事业奠基人——张炳炎院士

1998年8月，"向阳红10"号改建为航天测量船"远望4"号，并于1999年10月以新的舷号首次远赴印度洋，执行"神舟一号"飞船发射海上测量、通信任务，实现了从训练型向任务型的历史转变。

"向阳红09"号

"向阳红09"号是我国自行设计、建造的第一艘4 500吨级远洋综合科考船。本船为钢质，双层连续甲板，柴油机驱动，前倾艏柱及巡洋舰船艉，机舱位于舯部，双桨、双舵，航区为除极区以外的无限航区，设有B级冰区加强，满载排水量4 435吨，航速18.20节，自持力60天，1978年12月服役。

船上设有国内首制的万米测深仪和当时国内最先进、最完备的气象设备、通信设备、导航设备、海洋科学调查设备，可在各海域从事海洋水文、海洋物理、海洋气象、海洋化学、海洋地质、海洋地貌、海洋生物等科学研究工作，为国防和国民

> 图174 "蛟龙"号海试

经济建设提供海洋科学资料。

日本福岛核事故对西太平洋可能造成的影响备受国际社会瞩目。为了掌握相关影响的第一手资料,由国家海洋局组织、国家海洋局第三海洋研究所牵头的第二次监测活动航程6 346海里,历时30天。来自国内化学、生物、水文动力、放射性等领域的科学家及监测人员共计75人,搭乘"向阳红09"号执行了此次监测任务。

这一个月,是一年中西太平洋天气和海况最为恶劣的时期,在与风浪的搏击中,他们完成监测站位32个、监测断面7条,成功获取了福岛以东公海海域海洋放射性监测资料。

中国是继美、法、俄、日之后世界上第五个掌握大深度载人深潜技术的国家。日本目前载人深潜纪录为6 500米。2012

小贴士

张炳炎(1934.10.14—2012.08.02)

舰船工程专家。山东省庆云县常家镇孟家村人。1960年毕业于苏联列宁格勒造船学院。中国船舶工业集团第七〇八研究所研究员、博士生导师。我国第一艘综合科考船"向阳红10号"和第一艘全电力推进船"中国海监83"号的总设计师和研发者。他是我国海洋科考船研究设计方面具有丰富实践经验和权威的专家,为我国的舰船和海洋事业做出了杰出贡献。

年6月，搭载着我国"蛟龙"号载人潜水器的"向阳红09"号试验母船从江苏江阴苏南码头起航，奔赴马里亚纳海沟区域执行海试任务，来自国内18家单位的96名参试队员共赴海试现场。"蛟龙"号成功下潜7 000米，创造了中国载人深潜历史的又一个新的纪录。

作为我国海洋科考船舶的第一次序列化，"向阳红"的名字在我国海洋发展史上具有里程碑的意义。迄今为止，"向阳红"系列科考船大部分已经退役，部分新的科考船仍沿用这个光荣称号，它们所承担的那段辉煌历史依然给予我们鼓舞和启迪。

"科学一号"和"实验3"号

"科学一号"和"实验3"号是同一批次建造的姐妹船，分别于1980年和1981年建造，是我国第一型为海洋科考专门建造的3 000吨级综合科考船。船上装载了先进的海洋考察和实验设备，采用模块化设计理念，以适应多种海上科考项目需求，可完成海洋地质、海洋水文、海洋化学、海洋生物、声学、探空气象等不同种类与不同项目的海上科学考察实验任务。

"科学一号"和"实验3"号配备有

> 图175　1978年建成的4 500吨级综合科考船"向阳红09"号

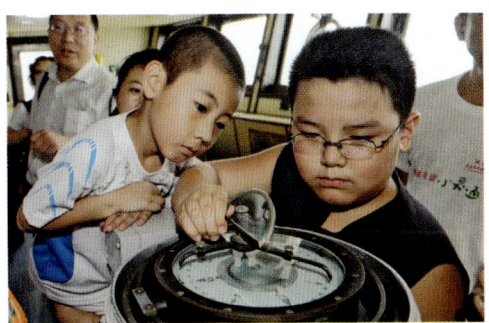

> 图177 小朋友兴致盎然地研究船上的罗经

采样和海洋生物采样分别可达6 000米和8 000米。船身还装备一套大型观测设备，航行时可连续自动测量并记录航经海域的

> 图176 3 000吨级综合调查船"科学一号"和"实验3"号

先进的导航定位系统、避碰装置，以及温盐深探测系统、拖曳体系统、多瓶采水系统、海洋光学多参数测量仪、极谱仪、万米测深仪、波浪浮标、浮游生物采集器、水下电视系统、底栖生物拖网等海洋综合调查仪器设备。

船上的操控支撑系统包括3吨吊机、10吨液压门架和2台大型绞车，海洋地质

小贴士

冰区加强

所谓冰区加强，系指船舶航行在冰区时，由于海面上海水结冰形成的冰层、冰块，而需要分别对与"冰"有关的船体结构、主机、轴系、齿轮箱、螺旋桨、启动装置与冷却水系统采取的强化措施。

根据中国船级社的规定，按不同的冰况，航行冰区加强分为如下五个冰级标志（冰况程度依次降低）：

B1★冰级：最严重冰况；
B1冰级：严重冰况；
B2冰级：中等冰况；
B3冰级：轻度冰况；
B冰级：除大块固定冰以外的漂流浮冰，如中国沿海情况。

B级冰区加强指对航行于B级冰区船舶的相关加强，由于其冰况程度较低，一般仅对船体结构如外板、肋骨和艏柱等加强即可，对轮机等其他系统无要求。

> 图178 "东方红2"号

> 图179 "远望3"号

第5章 我国海洋科考船

> 图180 "大洋一号"

海水温度、盐度、深度等信息。

2016年初夏，"科学一号"正式退役，告别了它奋斗36年之久的广袤海洋。而它的姐妹船"实验3"号则继续奋斗在工作岗位上。2018年，经过12 230海里的航行，中国科学院南海海洋研究所的"实验3"号科考船圆满完成中国和巴基斯坦首次北印度洋联合考察任务，返回广州基地。期间于巴基斯坦外海的莫克兰海沟开展海洋地质、海洋物理、海洋生物与微生物等多学科综合考察，是我国科考船首次抵达莫克兰海域，获得了多领域的第一手考察资料与样品，促进了具有特殊科学意义的莫克兰海域科学研究，丰富了两国科学家海上合作经验，为进一步推动中巴海洋科技合作奠定了坚实基础。

 "雪龙"号

"雪龙"号极地考察船由乌克兰赫尔松船厂在1993年3月25日完成建造，中国于1993年从乌克兰进口后按自身需求进行改造。

"雪龙"号是目前中国最大也是唯一能在极地破冰前行的极地考察船，船体用E级钢板制作，即使在零下40℃的严寒气候条件下也不会变形，并能以1.5节航速连续冲破1.2米厚的冰层。

该船可运输货品种类很多、货品适应性广，可运输杂货、大型重型货物、冷藏货物、贵重货物、各种车辆、矿物、炸药、标准集装箱及各种油料等。

船上设有功能齐全的实验室、计算机数据处理中心、气象分析预报中心和海洋物理、海洋化学、海洋生物、海洋

> 图181 "雪龙"号

> 图182 冰雪中的"雪龙"号

地质、气象和洁净等一系列科学考察实验室。安装了用来探寻磷虾及其他极区水生动物的鱼探仪、测海水流速和方向的多普勒海流计，以及用于测量海水温度、盐度、深度的CTD等一大批先进的仪器设备。

"雪龙"号上设有游泳池、图书馆、健身房、室内篮球场、网吧、卡拉OK、洗衣房、手术室等完善的医疗设施和生活娱乐设施，足以满足长时间两极航行的生活娱乐需求。

从1994年10月首次执行南极科考和物资补送任务至2018年，"雪龙"号已先后34次远赴南极，至2018年9月9次远赴北极，足迹遍布四大洋，创下多项中国航海史上的新纪录。

1999年7—9月，中国政府组织了对北极地区的首次大规模综合科学考察，极地考察船"雪龙"号搭载124名考察队员首航北极，历时71天，航行14 180海里，对北极海洋、大气、生物、地质、渔业和生态环境等进行了综合考察。

2003年7月，中国政府组织了第二次北极科学考察，"雪龙"号搭载109名考察队员远征北极，破冰挺近北纬80度，全程历时74天，航行12 600海里，开展了海洋、大气、海冰和生化等多学科的综合考察，并运用了水下机器人等高新技术，深化了对北极海洋、海冰与大气相互作用的研究。

> 图183 "雪龙"号

2007年"雪龙"号在南极冰穹A地区进行冰盖典型断面综合考察、冰穹A冰芯钻探、地球物理探测和天文学观测等。冰穹A是南极冰盖的最高区域，气候环境极其严酷，被称为"人类不可接近之极"。

此次科考创下了多项"第一"，如在世界上首次绘制出南极冰穹A地区450平方千米范围内的1∶50 000地形图、首次在南极内陆地区进行地震观察、首次进行光学天文的实验观察等一系列有开创性的壮举。天文学家在南极冰穹A地区进行天文台选址，计划建一个天文自动观测站，建几百个望远镜的庞大矩阵，开展变星统计、宇宙暗物质研究。还进行研究打钻，钻取约3 200米深度的冰盖完整冰芯，查看冰穹A地区是否存在超过150万年的古老冰体。

为不断适应要求严格的极地科考和运输任务，"雪龙"号先后经历了多次改造。

2007年3月，装配宽带全球区域网络（BGAN）系统，成为世界上第一艘配有此系统的科考船。此次改造还安装了世界上最先进的机舱自动化控制系统，可以实现无人值班，船舶的主机、辅机、锅炉及相关辅助设备均可在驾驶室内进行控制。同时对内部布局进行优化，为科学家提供更为便捷舒适的生活环境。

2009年，船上的海洋科学考察设备全部升级换代，安装了在中国首次使用的世界上最先进的表面海水采集分析系统，这

> 图184 "雪龙"号

第5章 我国海洋科考船

一系统当时在世界上也只有美国等极少数国家使用。主甲板以上的所有设备设施全部更新。洁净实验室面积从原来的200多平方米扩大到580平方米，并更换了全部实验室设备，新建了数据处理中心、样品间、大气取样室、伸缩吊车等科研设施。改造后的"雪龙"号还设置了能容纳2架卡-32直升机的机库和1个停机坪及配套设备，配备了1架"雪鹰"号直升机、1艘黄河艇以及1艘中山驳，大大提高了运输和航行保障能力。

2013年，"雪龙"号进行第三次大规模维修改造。此次维修改造工程主要对"雪龙"号动力系统、甲板机械和环保系统进行维修改造，解决了其服役近20年来一直困扰它的动力、续航力不足等问题，使"雪龙"号各项性能得到大幅提升，寿命将延长10～15年。

> 图185 极地冰区中的"雪龙"号

创新

进入21世纪以来，我国海洋科学事业发展达到阶段性高峰，国际交流频繁，各型科考船全面开花，国内陆续建造了一批先进海洋科考船，如"中国海监83"号、"远望5"号、"实验1"号、"海洋六号"、"科学"号、"向阳红10"号、"向阳红03"号、"向阳红01"号、"远望7"号、"张謇"号、"嘉庚"号等代表性的先进船型。

这批船的典型特点是既与国际接轨，

又充分考虑了我国海洋科研工作的实际需要，船型创新，理念先进。

船型尺度方面

早期的瘦长船型悄然向短胖型演化，这主要是因为科考船的军民两用背景逐渐淡化，伴随军舰航行导致的航速要求处于次要地位，"独立"出来的科考船可以更加自由地进行科学考察，为了增加海上航行和科考作业时的稳性，增加抵抗恶劣海况的能力，同时也为了增加甲板横向作业面积，船宽加大。船的上层建筑层数增多，可利用的工作甲板面积增多，驾驶室视线更好，同时更多的居住舱室可以分布到主甲板以上，居住舒适性得以改善。

设备应用方面

新技术和新设备的成熟应用，导致设计理念"质"的飞跃，这其中当属全电力推进技术和全回转推进器的首次应用。我国21世纪以前的科考船，推进是用传统的柴油机驱动，采用调距桨调节航速，低速时推进效率低、操纵性差，不适应科考船多变的工况。2005年8月，我国首艘自主研制的吊舱式全电力推进的科考船"中国海监83"号成功交付，拉开了全电力推进和吊舱推进器在科考船上应用的序幕，全电力推进技术几乎成为后续科考船的标配。

> 图186 我国首艘配备吊舱式全电力推进器的科考船"中国海监83"号

第5章 我国海洋科考船

其他先进技术方面

如动力定位技术、通信导航技术、声学探测技术、振动噪声控制技术等的进步，也使得我国新世纪的科考船作业和探测能力实现了跨越式发展，这是以前的科考船无法想象的。如果将我国第一艘科考船"金星"号比作一辆摩托车，21世纪以来的科考船个个都是"兰博基尼"般的跑车，功能非常强大，是当之无愧的"海上实验室"。

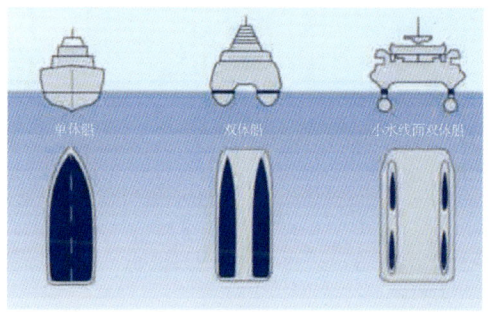

> 图187 各船型对比

"实验1"号

2009年交付的中国科学院"实验1"号新型综合科考船是我国第一艘2 000吨级的大型小水线面双体船（SWATH），也是目前仅有的一艘小水线面综合科考船。

"实验1"号主船体为钢质全焊接结构，变频调速电力推进、双机、双桨，采用小水线面双体船型，双层连续甲板，右潜体艏部设侧推装置，左、右潜体内侧艏艉各设一对艏鳍和艉鳍。

该船采用全船减振降噪理念，具有全船自动化、动力定位等先进功能，能满足在近海、远洋进行水声学、海洋物理、海洋生物、海洋化学、海洋地质、海洋大气环境等多学科交叉研究需求；可承担大范围、大尺度观测网络的布设、观测、调控和监视等任务，完成海洋环境实时立体监测体系和综合信息系统研究；还可为水下机器人海上综合试验研究提供必要条件。

"实验1"号船设计起点高，建造难度大，由于采用了独有的小水线面双体船设计，耐波性能优良，即使在恶劣海况下，船舶姿态也很好，不会有大的颠簸和摇

小贴士

小水线面双体船

亦称半潜双体船。20世纪70年代为改善船的耐波性而研制成功的一种新船型。因其水线面积仅相当于排水量相同的普通船艘的1/4左右而得名。

由水上平台、水下浮体和穿过水面的支柱三部分组成。小水线面双体船的排水容积大部分深浸于水中，支柱的水线面积很小，可大大减小兴波阻力，并使海浪的干扰作用明显减弱，从而减少船在波浪中的摇荡运动和波浪拍击，其耐波性优于普通船型和一般双体船。同时具有双体船的各项优点，即甲板面积大，稳性、操纵性、高速时的快速性均优于普通船型。但其低速时的功率消耗较大，吃水较深，为保证其纵向运动稳定性需加装自动控制水平鳍，增加了技术的复杂性和造价。

该船采用电力推进系统、全回转舵桨、动力定位等国际先进技术及设备，配置了深海水下遥控探测、深海取样分析、深水多波束测深仪、深水浅地层剖面仪、长排列大容量高分辨率地震采集系统等多种高精尖调查设备，另外还配置有4 000米级深海水下机器人"海狮"号，装备条件在我国海洋地质调查队伍中绝对一流。该船满载排水量5 287吨，续航力15 000海里，可在国际各

> 图188 "实验1"号小水线面双体船

摆，因此该船在国内船舶设计和建造等方面具有标志性意义和技术引领作用，是我国科考船建设和海洋科考研究的一个特色里程碑。

 "海洋六号"

"海洋六号"是依据中国海洋科考需要和海域特点，由我国自主设计、建造的第一艘以海底天然气水合物资源调查为主，兼顾其他海洋地质、海洋矿产资源调查的综合调查船，也是目前世界上第一艘配置较完善的集地质、地球物理、地震地质物探等多项调查功能于一体的综合科考船。

> 图189 "海狮"号

海域开展调查。

该船集成度和自动化程度高,通用性好,能满足多学科、多手段综合调查要求。全船分为地质调查、地震调查、声学设备换能器三个作业区域,调查设备分为地球物理调查系统、地质取样系统、遥控潜水器(ROV)和水文调查系统四大类。其他还有超短基线水下声学定位系统、声学多普勒流速剖面系统、温盐深探测系统(CTD)、地热流探测系统等,以及支持这些设备工作所需的船载设备。同时,还能根据实际工作需要,增减或更换其他有关的设备。该船稳定性好,安全性较高,配备高压细水雾灭火系统,具备抗击12级台风、相邻两舱破损不沉的能力。

2007年,我国在珠江口盆地海域首次获取了天然气水合物样品,为分散不可视实物样品,实现了天然气水合物资源调查的新突破。国土资源部称,"由此使中国成为继美国、日本、印度之后,第四个采到水合物实物样品的国家,也标志着中国天然气水合物调研水平一举步入世界先进行列"。

2011年,"海洋六号"承担大洋协会第23次海洋调查任务,在120余天里完成了我国载人潜水器"蛟龙号"5 000米级海上试验保障任务,在深潜试验区开展了温度、盐度、深度测量和多波束海底地形地貌测量;完成了金属结合同区海洋环境与生物的调查、地质取样等科学考察任务;完成了海山区富钴结壳资源、环境基线和"蛟龙号"更大深度海试选区的调查。大

> 图190 天然气水合物

耐波性

耐波性是指船舶在风浪等外力作用下,产生摇荡运动以及砰击、上浪、失速等现象时仍具有足够的稳性和船体结构强度,并能保持一定航速的安全航行的性能。在海洋上运行的船舶,应尽可能地减少摇摆而处于比较平稳的状态,以利于船上乘员的生活和工作。

洋首航归来,大洋协会向"海洋六号"赠送了"首航深海大洋科考业绩卓著"的金色牌匾。

2012年5月,"海洋六号"深入南海北部区域,对那里的天然气水合物资源进行新一轮精确调查。调查海域包括琼东南海域、西沙海域和东沙海域等区域,调查的重点是在南海北部前期勘探的基础上圈定重点勘探区域,为下一步更加精确的勘探工作做准备。同年7月,"海洋六号"在执行"蛟龙"号7 000米级海试警戒与保障任务期间,首次对世界最深海沟——马里亚纳海沟南端的"挑战者深渊"进行了高精度多波束测量,填补了中国在这一领域的科研空白。

"海洋六号"目前已对我国南海海域多个地区进行了卓有成效的科学勘探作业。预计未来数年间,我国将完成对目标海域天然气水合物资源的普查。

"科学"号

"科学"号为国内首次研制的新一代海洋综合科考船,满载排水量约5 000吨。该船从船舶底部到桅杆顶部约33米,具备抗12级风能力,续航力15 000海里,可

> 图191 "海洋六号"

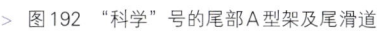

从青岛直接开到美国西海岸，满足无限航区要求，具有全球航行能力。

该船采用国际先进的吊舱式电力推进系统，动力定位满足DP-1要求并配备综合导航定位系统，一人驾驶桥楼。该船具备大气、海面、水体及海底立体综合海洋探测能力，探测深度达1万米，能够满足全球海洋环境和资源科学调查需求，可同时开展多个科学调查活动。

"科学"号配备了七大船载科学探测与实验系统，还搭载了高精度综合定位导航系统、多波束测深系统、多道数字地震系统、缆控水下机器人、电视抓斗等多种国际先进的探测设备，具有全天候观测能力。

该船可实现如下主要科学目标：大洋环流系统与气候变化研究；海洋动力过程与灾害研究；深海生物、基因资源及生物多样性研究；大洋生态系统与碳循环研究；洋中脊与大陆边缘热液系统及地球深部过程研究；深海海底油气（含天然气水

> 图192 "科学"号的尾部A型架及尾滑道

天然气水合物

天然气水合物在全球的资源储藏量相当于现在全球已经探明的煤炭、石油、天然气等常规化石能源总量的2倍。就这个的情况看，南海地区预计有680亿吨标准油当量的天然气水合物；青海地区冻土带也有350亿吨标准油当量的天然气水合物。分析人士认为，一旦投入商业开发，将对能源结构产生重大的影响。

> 图193 "科学"号的通用干性实验室

可实现0～15节无级变速,在低速状态下原地360度回转。该船具备较高的适航性和耐波性,稳定性好,操作灵活,作业空间大。船舶和船载探测与实验系统处于国际先进水平,是目前国际最先进的海洋科考船之一。

该船的研制解决了多学科、多功能、多技术手段为一体的同步综合探测、现场分析、船岸实时数据传送和联合处理等综合科考船的关键技术难点。

研制防气泡球艏和艏侧推封盖,极大

合物)资源形成机理。

"科学"号实际上就是一个在海上移动的实验室,在船上可以看到五花八门的探测设备与实验装置。它可以在世界各大洋区进行水体、大气、海底和深海极端环境等综合考察和科学探索。

在"科学"号的主甲板左、右两舷两个互不影响的干性和湿性实验区域,有4 500米水下机器人操控平台、万米温盐深探测系统、多普勒流速剖面仪、表层水质连续自动测定系统、变水层拖曳系统、科研型6 000米鱼探仪、生物分层连续采集系统、自动气象站、海气通量观测系统、系留汽艇和小火箭探空、全海深多波束系统、万米浅地层剖面仪和探深仪、深海拖曳系统、海底地震仪、海洋重力仪、梯度磁力仪、深海岩心钻机、可视抓斗、遥感信息现场印证和分析系统、超短基线定位系统等探测设备和接收装置。

由于该船采用国际先进的吊舱式电力推进装置,配备了艏侧推、动力定位等,

> 图194 "科学"号的学术厅

> 图195 "科学"号的娱乐区

提高了水下声学探测设备的工作效率和探测精度；综合运用减振降噪控制技术，解决了振动噪声、水下辐射噪声和管路流体噪声对船上科考设备干扰的难题；在吊舱综合电力推进系统中采用允通能量分析技术，确保了重要设备供电的合理性、可靠性、安全性和经济性；研制船艏特种前艛，为海洋大气和海气通量观测提供了理想的科考平台；研制了甲板通用件、遮蔽式作业甲板，优化布置移动式集装箱、通用实验室，解决了综合科考船空间狭小、不易布置的难题；研制升降鳍板装置，解决了船体气泡层对水下探测设备的干扰和设备在海上的可维修性。

"科学"号服役后，承担了全球海洋环境、海底资源和能源综合探测取样、国家海洋安全环境综合观测与实验等重大深远海科考任务，为国家迫切需要解决的海洋资源和能源、减轻自然灾害等重大海洋科技问题提供技术支撑和保障。几年来"科学"号先后成功完成西太平洋热液、冷泉、海山等国家重大科考任务，取得了一系列重要研究成果，实现了我国在冲绳海槽海域首次自主观测活跃的热液喷口，获得了高分辨率海底地形图；国际上首次在西太平洋主流系海域集中布放18套大型深海潜标阵列，实现了国内首次对南海中南部开展地球物理大面积调查等科考任务，标志着我国深远海科学考察能力和水平迈入国际先进行列。

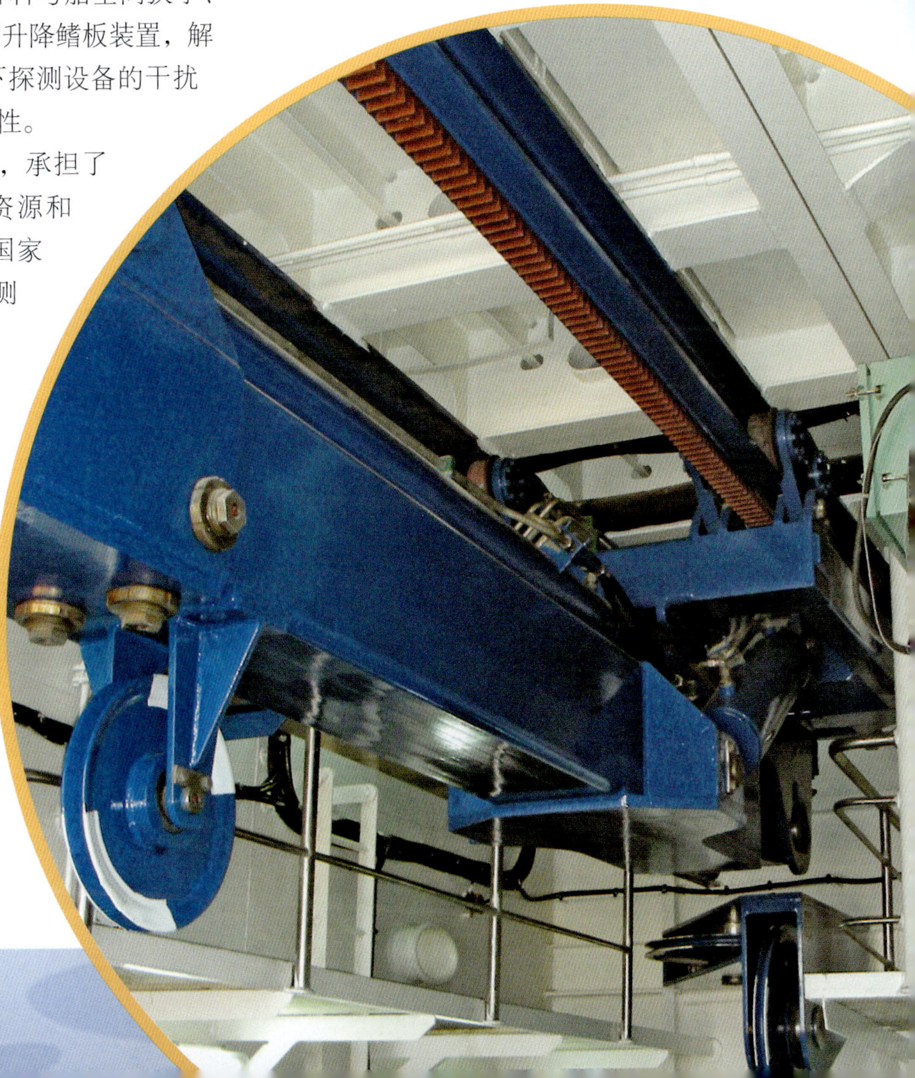

> 图196 "科学"号的顶部行车吊

在世界第二阶段海洋科考船发展进程中，"科学"号的研制成功是中国自主设计海洋综合科考船的一个里程碑，在中国海洋科考船尤其是综合科考船的发展历史中有其重要意义，将助推我国科学家参与国际重大海洋研究计划，增强我国海洋科技在国际海洋研究中的影响力，助力我国海洋科技强国战略目标的早日实现。

自"科学"号的成功研制，国家海洋局又分别在此基础上订购了2艘外形和功能都极为类似的综合科考船"向阳红01"号和"向阳红03"号。

> 图198 "向阳红01"号

> 图197 "科学"号

第5章 我国海洋科考船

> 图199 "向阳红03"号

"张謇"号

"张謇"号以中国近代著名的状元实业家、教育家张謇命名,是我国第一艘专为深渊海沟科考设计的船舶,也是第一艘完全由民营企业出资建造的科考船,是中国万米级载人潜水器"彩虹鱼"号的科考母船,2016年交付使用。

"张謇"号配备有1台11 000米载人

> 图200 建造中的"张謇"号

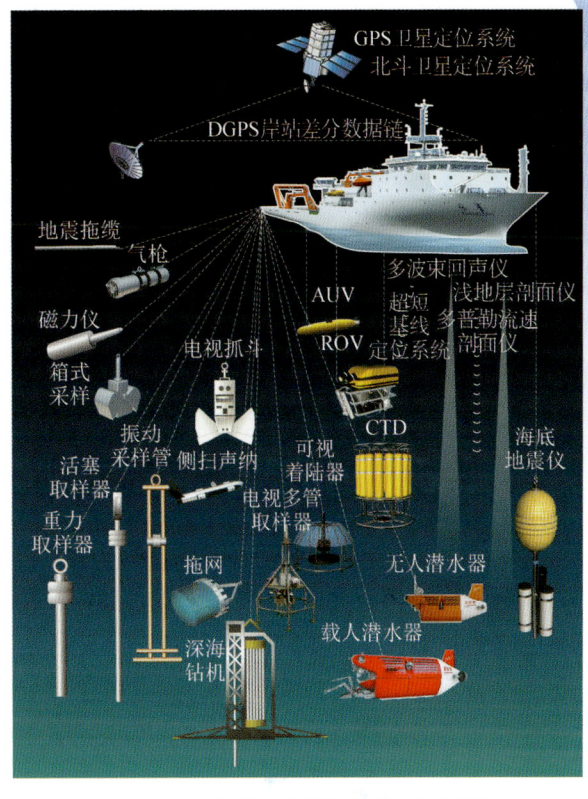

> 图201 "张謇"号多功能系统图

潜水器、1台11 000米无人潜水器,3台11 000米着陆器。船上有门类齐全的实验室如干湿实验室、重磁实验室、网络中心等,安装A型架、伸缩折臂吊、深海绞车等操控支撑设备,搭载全海深多波束系统、浅地层剖面仪、声学多普勒流速剖面仪等先进设备。与国内已有的科考母船相比,"张謇"号还具备水下考古和电影拍摄、深海救援打捞、海洋工程设备安装及检修、深海探险与观光等多种功能。

"张謇"号是国际上唯一配备全海深作业型载人潜水器、无人潜水器和着陆器

> 图202 万米级载人潜水器的科考母船"张謇"号

的科考船。

"嘉庚"号

2017年建成交付厦门大学的"嘉庚"号，设计排水量仅3 000吨级，但在实验室面积、调查设备配置、自动化程度、综合调查能力、住舱条件、空间利用率和船舶综合性能等各方面，与4 000吨级科考船相比也毫不逊色。该船填补了近年来国内3 000吨级科考船型的空白，充分满足了深远海多学科交叉研究的未来需求。

"嘉庚"号海洋科考船有两大亮点：洁净和安静。

作为我国首艘具备洁净采样、操作、分析能力的科考船，设立专属洁净实验室，实现集成采水器、绞车和集装箱式实

> 图203 "嘉庚"号的右舷作业区

第5章 我国海洋科考船　　141

> 图204 "嘉庚"号上的静音推进电机

> 图205 "嘉庚"号

验室的可移动式船载痕量金属洁净水样采集及分析测试系统；在国际上首次采用升降鳍上设置走航超洁净（痕量金属无沾污）海水采集系统的设计方案，能够对海水中超痕量元素实现无污染的采样与分析。作为世界上最洁净的几艘科考船之一，"嘉庚"号确实有其引以为傲的地方。试想如果要测定太平洋中铁的含量，在船身是铁壳子的情况下，难度非常大，但"嘉庚"号就能做到。

该船采用全电力静音推进方案，并采取了多种减振降噪措施，"嘉庚"号的住舱非常安静，满足中国船级社最苛刻的噪声标准，即使船以最高航速行驶，住舱内也几乎感觉不到主机的振动和噪声。一般船舶的烟囱附近噪声最大，在烟囱附近说话时，两人只能彼此在耳朵边大声讲话才行，但当你来到"嘉庚"号烟囱的附近，会发现根本不需要拔高嗓门说话，这里安静得掉颗螺钉也听得到！

"嘉庚"号不仅水上非常安静，水下噪声控制得也非常好。作为国内首艘参照挪威船级社和德国劳氏船级社噪声船级符号要求设计建造的科考船，"嘉庚"号的水下辐射噪声非常小。安静不仅能让船上科学家可以睡个好觉，更主要是考虑到船上有许多声学科考设备，如果船舶自身噪声太大，将会大大影响这些设备的正常工作。

> 图206 "嘉庚"号向公众开放参观

> 图207 "嘉庚"号的厨房

> 图208 "嘉庚"号艉部甲板

"东方红3"号

"东方红3"号由我国自主设计、建造，将于2019年交付中国海洋大学。这艘凝聚中国智慧的科考船，具备完全自主知识产权，并拥有多项船型设计专利。该船既是海洋科技创新的核心平台，也是海洋人才培养的重要基地，对我国海洋强国建设具有划时代的意义。其建成后将承担促进我国海洋事业快速可持续发展的战略平台，为国家建设"智慧海洋""透明海洋"，打造"海洋观测网"奠定坚实的基础，同时也为人类探究海洋贡献中国方案。

"东方红3"号是一艘5 000吨级新型深远海综合科考船，全长103.8米、宽18米，全球无限航区航行，海上自持力长达60天，可连续航行15 000海里；载员110人，其中含82名科考人员；作业甲板600平方米，实验室面积600平方米。

> 图209 "东方红3"号船艏

第5章 我国海洋科考船 143

> 图210 建造中的"东方红3"号艉部

深海大洋尖端海洋仪器设备海试和高新技术产品研发示范化平台功能；具备高效实施多学科海上实习实训、培养深海大洋创新型研究人才的功能；具备科考在线数据和船岸一体化船舶数据信息网络一体化的功能。

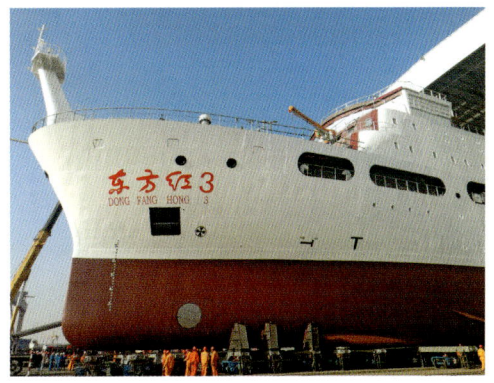

> 图211 下水前的"东方红3"号

该船是目前排水量最大，定员最多，经济性、振动噪声、电磁兼容等指标要求最高，作业甲板和实验室面积利用率最大，综合科考功能最完备的全球级海洋综合科考实习船。采用双轴双桨全电力推进模式，满足无人机舱、一人驾驶的要求，具备动力定位DP-1能力。此外，该船还获得中国船级社防污染洁净设计Clean船级符号，同时获得挪威船级社水下辐射噪声最高等级Silent-R级的认可证书。

"东方红3"号是以培养深海大洋创新型人才为首要任务，融合科学研究、科学考察、高新技术研发应用为一体的新型深远海综合科考实习船。该船具备在深海大洋开展自高空大气透过海气界面、通过全海深直到海底深部的综合科学考察和资源调查，以及与无人机、科考船队和布放的其他观测仪器形成观测阵列的功能；具备

小贴士

透明海洋

"透明海洋"是指针对特定海区，实时或准实时获取和评估不同空间尺度海洋环境信息，研究其多尺度变化及其气候资源效应机理，并以此为基础，预测未来特定一段时间内海洋环境、气候及资源的时空变化。通俗讲，"透明海洋"就是通过建立海洋立体观测系统，获取海洋环境综合信息，建立预测系统，掌握海洋环境变化，实现目标海域"看得清、查得明、报得准"。

"东方红3"号具有哪些优势和特点呢?

跑得远

最节油的双桨推进科考船:因采用一种与船舶型线一体化设计的多波束导流罩专利设计,在确保多波束测量性能的前提下使得全船阻力减少15%～20%,油耗大大减少,在相同的油舱容积下,续航力大大提高,确保船舶能航行到更远的深海大洋进行考察作业。

听得清

最安静的海洋综合科考船:降低科考船自身的辐射噪声水平,使得探测时能更加清晰、不受干扰,一直是一大难题。"东方红3"号采取全船减振降噪分析和优化设计,对主要噪声源进行分析验证并在工厂FAT试验中进行严格的单项验收,最终获得了国际上最严格的水下噪声指标,挪威船级社Silent-R船级符号。

看得明

最高精度的全海深地形地貌探测能力:为获得最高精度的全海深地形地貌测量能力,"东方红3"号在国内首次引进2套高分辨率的中浅水和全海深多波束系统(国际上仅有一艘船安装),设计单位和船厂联合攻关解决了船舶型线设计和建造安装工艺的关键技术,一举提升了我国在全海深地形地貌的探测能力。

探得深

作业深度覆盖全球最深的马里亚纳海沟:"东方红3"号装备目前国际上最先进的水体、大气、海底探测和遥感信息观测与应用系统,可进行海洋空间多学科海洋要素的快速探测与分析。该船配备有2台10 000米以上的CTD绞车、1台10 000米钢缆绞车、1台10 000米光电缆绞车、1台12 000米纤维缆绞车,确保了作业探测的深度和可靠性。

传得快

强大的科考数据和船舶数据网络,实现船岸一体化:"东方红3"号上配置独立的科考数据网络系统,并配置双万兆核心。时空同步科考数据采集、传输、存储、处理与集成,数据成果可在线显示与远程传输。配置船岸一体化船舶数据信息网络系统,支持WIFI和有线接入,VSAT船岸实时通信,考虑到船体振动与噪声、水下辐射噪声、各类强弱电与各类线缆电

> 图212 "东方红3"号科考船效果图

磁兼容,设置船舶动态与姿态等各类信息在线监测与报警系统。

"雪龙2"号

"雪龙2"号总长122.5米,设计排水量接近14 000吨,是一艘满足无限航区要求,具备全球航行能力,能够在极区大洋安全航行的、具备国际先进水平的极地科考破冰船。

该船采用双向破冰船型,具备破冰艏、PC3级冰区加强、系泊设备位于艏楼甲板前部遮蔽区,艉部有集装箱货舱,艏楼甲板左舷设计成前后贯通的外走道,可用于船上货物托盘转运。驾驶室的布置具有良好的艏艉可视线。船艏部设有前桅(科学桅)和两个槽道式侧推,机舱位于船舯,靠近艉部设有直升机甲板和直升机

> 图214 "雪龙2"号的水下吊舱桨

库,艉部露天甲板用于科考作业。

该船采用先进可靠的吊舱式推进系统,装有柴电推进机械与2台破冰型吊舱式推进器,配备动力定位DP-2系统及综合导航定位系统、船舶减摇系统。艏部布置有底部凸出的箱形龙骨,多波束换能器

> 图213 建造中的"雪龙2"号

> 图215 "雪龙2"号尾视图

安装区域位于箱形龙骨区。

该船装备了目前国际先进的极地海洋环境和地球物理调查设备，构建我国开展极地海洋环境与地球物理研究的基础平台。在环境调查方面，能够承担极地海洋、海冰、大气等环境基础综合调查观测研究任务，具备有关气候变化的海洋环境综合观测取样能力；在地球物理调查方面，能够在极地冰区海洋开展油气、生物等调查，基本具备"摸边探底、潜力评估"的调查能力；能够承担极地考察站部分物资运输任务。

"雪龙2"号的十大设计亮点

★ 在船型设计上以作业区海冰环境的适航性为首要条件，采用先进的PC3船体结构和动力系统设计，并保证了12节的经济航速和在1.5米冰加0.2米雪的极地环境下具有2～3节的连续破冰指标。该性能指标在当前国际上同类极地科考船中属于先进行列。

★ 充分考虑极区水平冰和冰脊冰分布的复杂性，优选双向破冰船型，为我国发展破冰船艉向破冰技术提供重要先例。

★ 首次在船前部采用箱形龙骨的船底结构，实现了船底重要声学设备避免气泡和碎冰影响与航行经济性之间的协调。

★ 采用全回转电力推进，实现高机动性能、节约船内空间、统筹工况差异、降低使用成本之间的协调。

★ 选用DP-2动力定位，保证动力冗余的同时提高耐受恶劣海况能力，提高了该船在极区作业时较常见的小回旋空间、大风浪海况的安全性。

★ 采用集中实验室格局、大空间作业车间和较大面积调查作业甲板设计，以及冰区月池系统的应用，实现调查实验功能的最大兼容与共享，与国际上专业的极地海洋科考布置和流程全面接轨。

★ 满足最新规则规范，如极地规则Polar Code以及最新国际公约TieIII的排放限值要求。

★ 水下辐射噪声参照国际最高标准ICES-209设计，上层建筑振动噪声满足CCS最新COMF（V2/N2）的高要求。

★ 新船将是国际上第一艘获得智能船舶符号的极地科考破冰船，智能船体

> 图216 "雪龙2"号下水

第5章 我国海洋科考船

> 图217 "雪龙2"号的设计渲染图

iship-H保证船体结构安全,智能机舱iship-M确保在遥远的极地环境下机舱运行和维护的可靠。

★ 考虑长航程的人性化设计,针对实验室和甲板科考作业的保护性及便利性、房间的保温通风遮光和室外梯道防滑处理等作了优化。

> 图218 "雪龙2"号的效果图

我国的海洋科学考察,历经近岸到远海,再到大洋的发展历程。从最早的军事目的,到后来经济发展的需要,再到当前可持续发展的深谋远略,反映的是我国海洋思维的变迁。

当今世界面临人口激增、资源枯竭、环境恶化三大难题,海洋为这些危机提供了出路,21世纪是"海洋科学的新世纪",以目前海洋科学的发展速度,可以预见未来将有更多的国家和组织关注、研究海洋。

我国已制定了详细的海洋开发利用规划,我国的远洋科考事业正以稳定的步伐向两极和深远海洋进发——万米级载人潜水器"蛟龙"号、新建极地破冰船"雪龙2"号、综合科考实习船"东方红3"号、中山大学新建的"逸仙"号等,我们期待作为海洋科考利器的海洋科考船将迎来更为灿烂的明天。

第6章
世界海洋科考船

早期阶段

世界海洋科考船的历史是在世界海洋科学独立后才真正开始。19世纪至20世纪50年代，世界性的海洋考察活动日益增多，海洋学成为一门独立的学科。海洋学独立的重要标志是专有研究机构的大量组建和海洋学人才的急剧增多。另外，美国于1925年和1930年先后建立了斯克里普斯和伍兹霍尔两个世界著名的海洋研究所，苏联科学院于1946年成立海洋研究所，英国于1949年成立国立海洋研究所等。

各国政府对海洋科学研究的投资大幅增加，海洋科考船的数量剧

> 图219 斯克里普斯海洋研究所

第6章 世界海洋科考船

> 图220　伍兹霍尔海洋研究所

增。20世纪60年代出现了专门设计建造的海洋科考船，有着更加优良的性能和更先进的设备配置，微电子、计算机、光学、声学及遥感等大量新技术广泛地应用于海洋调查和研究中，代表性的如声学多普勒流速剖面仪（ADCP）、温盐深探测系统（CTD）、地层剖面仪、气象和海洋卫星、侧扫声呐、各种无人和载人潜水器、海底深钻、立体取样，以及立体观测系统等。

短短几十年的研究成果超出历史总和，重要突破屡见不鲜。板块构造学说被誉为地质学的一次革命。海底热泉的发现，使海洋生物学和海洋地球化学得到新的启示。海洋中尺度漩涡和热盐细微结构的发现与研究，促进了海洋物理学的新进展。大洋环流理论、波浪谱理论、海洋生态学、热带大洋和全球大气变化等领域的研究都获得突出的进展与成果。

早期的世界科考船可分为两大主要发展阶段："挑战者"号阶段和"流星"号阶段。

"挑战者"号阶段

包括整个19世纪。海洋科学考察已从个体单项发展为综合性调查，海洋学逐渐形成。此阶段最重要的事件是英国"挑战者"号考察，此外还有"前进"号的北极探险等。

"挑战者"号之前的考察，从19世纪

初直到1872年。此时的考察已不同于大航海时期的探险，明确以海洋科学考察为主，但一般是个体单学科的考察。典型考察活动及主要成果有：

1831—1836年英国"贝格尔"号历时5年的环球探险 航程遍布大西洋、印度洋和太平洋。英国科学家达尔文随船考察，并根据考察资料解释了珊瑚礁的成因，提出了海底运动的论述，并于1859年出版《物种起源》。考察成果由"贝格尔"号船长罗伊和达尔文整理编纂成4卷的《"贝格尔"号航海报告》。

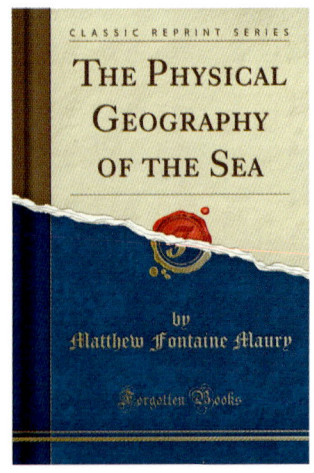

> 图222 《海洋自然地理学》

著作。1854年出版了第一张北大西洋海盆的水深图，为铺设大西洋海底电缆提供了科学依据。

英国海洋生物学创始人福布斯第一次提出海洋生物分布的分带概念 他认为深度越大，生物越少，550米以下为无生物

> 图221 "贝格尔"号

1839—1843年英国人罗斯的南极海域探险 罗斯测得约4 438米的深度，创造了当时深海测深记录；提出了整个大洋的底层水具有相同特性的结论；发现了南磁极。

1842—1847年，美国海军上尉莫里系统地研究了大洋中风和海流的关系，并据此绘制成海图 1855年出版《海洋自然地理学》，为人们提供了第一部海洋学经典

> 图223 "豪猪"号

带。但从1836—1870年屡次在550米更深处发现生物存在；1869—1870年英国"豪猪"号在1 800～4 464米深水处取样16次，每次都获得很多的生物，特别是采到了被认为是白垩纪以后已经灭绝的海胆，彻底颠覆人们对深海生物生命活动的认识。

19世纪50年代以后，海底电缆的铺设工作促进了海洋测深的发展 1856年，铺缆专用调查船"阿尔奇克"号发现了北大西洋中央海脊，并建议沿这条海脊铺设海底电缆。随后1857年"独眼巨人"号、1858年"戈尔岗"号和1860年"斗犬"号先后在北大西洋进行了测深调查。

> 图224 铺缆专用调查船"阿尔奇克"号

英国"挑战者"号完成世界首次环球海洋科学考察

"挑战者"号是公认的世界上最早的综合海洋科考船，由英国海军的一艘巡洋舰改装而成，船长约68米，排水量约2 300吨，风帆和蒸汽机推进，船上装备有当时最先进的海洋调查仪器设备及实验室。

> 图225 英国"挑战者"号

"挑战者"号于1872年12月7日下水，随后便开始了世界上第一次环球海洋科学考察，直至1876年5月26日结束，经过了713天的海上航行、1 606天不间断的海上考察，航程68 890海里，相当于绕地球3圈，完成了对大西洋、太平洋和印度洋的首次环球海洋科学考察，被誉为近代海洋学奠基性的调查。

这次考察活动第一次使用颠倒温度计测量了海洋深层水温及其季节变化；采集了大量海洋动植物标本和海水、海底底质样品，发现了深海软泥和红黏土，并采集到了锰结核；发现了715个新属及4 717个海洋生物新种，验证了海水主要成分比值的恒定性原则，编制了第一幅世界大洋沉积物分布图；还测得了调查区域的地磁和水深情况。这些调查获得的全部资料和样品，经76位科学家长达23年的整理分析和悉心研究，最终写出了50卷的调查报告《挑战者号航海考察科学成果报告》，于1895年出版。

"挑战者"号环球海洋调查带动这一时期的海洋调查不仅关注世界海洋表面，而且开始关注海面以下的空间以及海流、温度等海洋物理、化学、生物、地质等方面的变化规律，与中世纪欧洲大航海时代"发现新大陆"有本质不同，这些调查研究为近代海洋物理学、海洋化学、海洋生物学和海洋地质学的建立和发展奠定了基础。

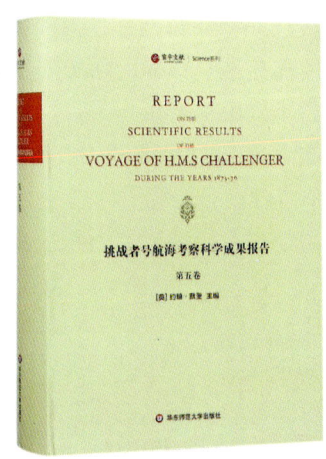

> 图226 《挑战者号航海考察科学成果报告》

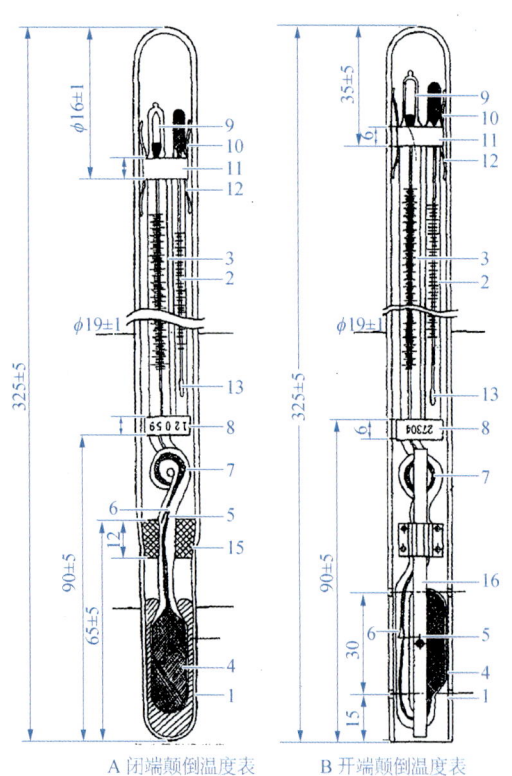

A 闭端颠倒温度表　　B 开端颠倒温度表

1—外套管；2—副温度表；3—主温度表；4—主温度表贮蓄泡；5—盲枝；6—断点；7—圆环；8—出厂编号及卡箍；9—主温度表接收泡；10—副温度表贮蓄泡；11—卡箍；12—弹簧片；13—副温度表安全泡；14—水银槽；15—软木塞；16—开端颠倒温度表椭圆弹簧键

> 图227 颠倒温度计

"挑战者"号的改造成功以及投入使用成为世界航海史、地球科学史上的里程碑,开启了人类从宏观上对世界海洋水体进行科学研究并探索其自然规律的新时代,引发了各国海洋考察的热潮。

> 图228 "挑战者"号发现的玻璃海绵

> 图230 "挑战者"号上的拖网及测深平台

> 图229 "挑战者"号上的化学实验室

此次调查之后,德国、俄国、奥地利、美国、挪威、丹麦、瑞典、荷兰、意大利等许多国家也相继派遣海洋科考船进行环球或区域性海洋探索性航行调查。

德国"羚羊"号(1874—1876年)、俄国"勇士"号(1886—1889年)进行了环球考察,奥地利"极地"号(1890—1898年)在红海和地中海考察,美国"布莱克"号(1877—1886年)在加勒比海考察,但其中最为著名的是挪威海洋学家南森乘坐"前进"号进行的北冰洋探险,此次考察活动阐明了"死水"现象的发生是内波作用所致。根据"前进"号测量结果,埃克曼于1905年提出了著名的风海流理论。南森在此次考察过程中发明的颠倒采水器一直沿用至今,并和同事合作撰写了6卷本的《挪威人的北极探险》,详细阐述了北冰洋的水流状况,海冰生成、发展、破坏以及融化的过程。

第一次世界大战后,海洋调查逐步从以生物调查为主的"探索性航行调查"向承担海水理化性质和海底地质地貌调查的

图231 挪威"前进"号

"特定海区专门性调查"转变。典型代表如德国"流星"号和瑞典"信天翁"号进行的海洋调查活动。

"流星"号阶段

从20世纪初期到20世纪50年代,综合性海洋考察普遍开展,各种电子技术和近代科学方法的应用大大地促进了海洋调查的深入和发展。以德国"流星"号考察和斯韦尔德鲁普等的名著《海洋》问世为标志,海洋学成为一门独立科学。这一阶段较为重大的事件还有:1902年国际海洋考察理事会(ICES)的成立、瑞典"信天翁"号考察、丹麦"铠甲虾"号考察和苏联"勇士"号考察等。

德国"流星"号的大西洋考察

1925—1927年,德国"流星"号对南大西洋进行了考察,历时2年零3个月,这是继英国"挑战者"号之后的又一次划时代的科学考察。

此次考察以海洋物理学为主,采用了各种电子技术和近代科学方法,以观测精

图232 德国"流星号"

确著称。首次采用电子回声测深仪,取得7万多个海洋深度数据,首次清晰揭示了大洋底部崎岖不平的地形,发现了纵贯大西洋的中央海岭,用柱状采样管进行了岩石学和矿物学的研究,还揭示了海洋环流和大洋热量、水量平衡的基本概况。考察结果被总结成16卷的考察报告并予出版,内容涉及海底地质地貌、海洋物理、海洋化学、海洋生物、海洋气象,以及内波等方面。

1929—1935年和1937—1938年,"流星"号还分别在冰岛海域和东北大西洋进行了调查,弄清了极峰带的复杂海况,并清楚地绘制出墨西哥湾流的续流。

瑞典"信天翁"号深海考察

1947—1948年,瑞典"信天翁"号进行了一次深海考察,瑞典国立海洋研究所

所长 H. 彼得松率领 12 名科学家执行考察任务。此次考察历时 15 个月，航程约 7 万海里，重点对大西洋、太平洋和印度洋赤道无风带进行深海观测，填补了英国"挑战者"号调查船无法在无风带区域观测的空白（因为"挑战者"号为风帆船，必须借助风力才能顺利航行）。

"信天翁"号考察了南北纬度 20°以内的赤道海流系，探索了深海区的光学性能。科学家们用真空活塞柱状采样器取得长达 23 米的岩芯，发现深海沉积层中有第四纪气候变动旋回的记录；用人工地震法研究海底构造；利用地层剖面仪调查了大洋沉积物的厚度；用放射性同位素测出沉积物的生成年代和沉积速率。此外，还观测了浊流、洋底海水化学性质、海底地壳热效应等，开创了深海地球物理研究的先河。

丹麦"铠甲虾"号深海考察

为了进一步研究深海生物，丹麦"铠甲虾"号调查船于 1950 年 10 月至 1952 年 9 月进行了以深海生物研究为主要目的的环球海洋调查。此次考察从大于 10 000 米深的海底中采集到各类活体生物，证实在 10 000 米的深处也有生物栖息；首次采用 ^{14}C 法测定海洋生物初级生产力，并测量了深海地磁。

> 图 234　丹麦"铠甲虾"号

苏联"勇士"号太平洋考察

1949—1958 年，苏联"勇士"号对太平洋进行了考察。考察中进行了测深，更正了远东近海和太平洋水深图，新发现了一些断裂带、海底山脉、海山等。

"勇士"号在马里亚纳海沟发现了世

> 图 233　瑞典"信天翁"号

界最深的查林杰海渊（11 034米）；在千岛—勘察加海沟发现了深海渊（10 382米）；在考察中取得了40米长的海底柱状样品，分析研究了长达1 000万年的地质史；发现了深层水不断流动的现象；弄清了深海水强烈的垂直混合和数千米规模的浮游生物的垂直移动；证明在10 000米以下的最深海沟处也有多种生物存在。

在这个阶段还有美国"卡内基"号、"鹦鹉螺"号、"贝尔德"号、"地平线"号，挪威"莫德"号，德国"高斯"号，丹麦"丹纳Ⅰ"号和"丹纳Ⅱ"号，法国"法兰西人"号和"帕斯"号，英国"发现Ⅰ"号和"发现Ⅱ"号、"斯科列斯比"号、"挑战者8"号，苏联"西比利亚科夫"号和"谢多夫"号、"罗蒙诺索夫"号、"鄂毕"号等陆续进行的海洋考察活动。

经过一个多世纪的发展，海洋调查作为一项专门的研究手段，正逐步形成自己的体系。现在的海洋调查已形成对某一特定海区的水文、物理、化学、地形地貌、生物、气象、声学和地球物理等进行大面积调查、断面调查以及连续观测和辅助观测的调查研究能力。

由于船舶观测受海况等客观条件的限制，观测范围有限。立体化的观测技术已得到了越来越多的发展，构建了一个从空中、岸基、水面、水体到水底的全方位、立体化的探测网络，包含遥感卫星、飞机、地面探空、船舶、浮标、潜标等多种探测手段，但最基本的观测手段仍是船舶。

> 图235　苏联"勇士"号

第6章 世界海洋科考船　　159

> 图236　美国"地平线"号

> 图237　丹麦"丹纳Ⅱ"号

> 图238　英国新"发现"号

快速发展

海洋科考船是采用船舶观测手段开展海洋调查的平台载体。第二次世界大战之后，海洋调查出现了显著发展，但即使如此，当初用的海洋科考船也只是利

> 图239 英国新"发现"号

用其他旧船改装而成。20世纪50年代末期才开始出现专门设计建造的海洋科考船，到现在也只有不到70年的时间，海洋调查事业从此得到更为显著的发展。

20世纪50年代开始至今，是专门设计建造海洋科考船的时期，随着海洋调查目标、方式、设备的变化，以及船舶设计和建造技术的发展，世界海洋科考船大致经历了两个主要发展期。

第一时期

20世纪50年代末至80年代末，随着电子计算机的应用以及各种先进海洋调查设备的出现，现代化高效率海洋科考船逐渐诞生并普及。这一时期的海洋科考船在设备、性能、布置，以及实验室与专用设备的匹配等方面，与旧船改装调查船相比有"质"的提高。

这个时期国际上有代表意义的调查船有：1959年苏联建成的6 000吨级综合海洋科考船"罗门诺索夫"号，1960年美国建成的3 400吨级的"测量员"号航道和海洋科考船，1962年美国建造的"阿特兰蒂斯Ⅱ"号海洋科考船，1962年英国建成的3 100吨级的"发现"号海洋科考船，

> 图240 德国旧"太阳"号

1977年德国改造建成的4 700吨级的"太阳"号海洋科考船等。

第二时期

20世纪80年代末至今，随着船舶电力推进系统和动力定位系统的逐步推广、各种专业科考设备的更新换代、科考作业和实验室专业化模块化设计、操控支撑系统自动化、计算机网络化等技术的发展，船舶设计，尤其是海洋综合科考船建立了新的设计理念，加之前一批建造的船型有些已经到了更新换代的时间，出现了一批新建的先进的海洋科考船。

这个时期有代表意义的科考船有：

1984年美国改造建成的18 000吨级的大洋钻探船"决心"号，1997年美国建成的3 600吨级潜水器母船"阿特兰蒂斯Ⅲ"号，2005年法国建成的6 600吨级综合科考船"为何不"号，2006年德国建成的6 300吨级的冰区综合科考船"玛丽亚·西碧拉·梅里安"号，2007年西班牙建成的3 000吨级的综合科考船"Sarmiento de Gamboa"号，2007年英国建成的5 800吨级的综合科考船"詹姆士·库克"号，2007年日本建成的57 000吨级的大

> 图241　英国"詹姆士·库克"号

> 图242　德国"玛丽亚·西碧拉·梅里安"号

洋钻探船"地球"号、2012年俄罗斯建成的"特列什尼科夫院士"号极地科考破冰船，2013年英国建成的6 000吨级新"发现"号，2014年美国建成的3 200吨级的综合科考船阿姆斯壮级（AGOR27、AGOR28），2014年澳大利亚建成的6 000吨级综合科考船"调查者"号，2015年德国建成的8 000吨级的新"太阳"号，2016年日本建成的"Kaimei"号等。

据不完全统计，目前世界上有50余个国家拥有自己的海洋科考船，总数超过500艘。数量居前10位的国家依次为：美国、日本、俄罗斯、中国、英国、德国、法国、荷兰、乌克兰和韩国。海洋科考船的数量和技术水平已成为衡量一个国家海洋能力的重要指标。世界海洋强国均把海洋科考船的发展作为提高本国海洋能力的基本手段。

近年来，各国从控制成本、提高效率等方面考虑，采取多种措施，特别是通过船队的建立或多种科考船联合发展的形式加强海洋科考船的管理，最大限度地提高船舶利用率，充分整合科研资源，减少海洋调查的交叉与重复。如美国大学-国家海洋学实验室系统（UNOLS）科考船队能够协调61家科研单位的用船时间和调查科研任务，因而船舶利用率很高。欧洲也在尝试提高整个区域内科考船的协调合作，形成规范、有序、统一的管理。

中国国家海洋局在2012年组建了中国海洋科考船队，开始了协调全国科考船工作的努力。

 英国新"发现"号

新"发现"号是一艘全球级的海洋综合科考船，由西班牙CNP弗莱雷船厂建造于2010年，2013年底交付使用，用来取代退役的1962年交船的旧"发现"号。母港为英国南安普顿，主要用户为英国高校和研究所等。主要用来进行海洋地质、海洋地球物理、海洋化学、海洋物理、海洋生物等相关考察任务。

该船入级英国劳氏船级社，采用两台全回转舵桨电力推进方式，艏部布置1台伸缩式全回转侧推装置和1台喷水推进艏侧推装置，全船配置4台瓦锡兰主机。

主要调查装备配置包括艉部20吨A型架、20吨主吊、右舷20吨专用吊、船舯右舷P型吊、艉部2台5吨辅吊、右舷侧1台辅吊、1台10 000米光电复合缆绞车、1台7 000米钢缆绞车、1台15 000米钢缆绞车、1台8 000米纤维缆绞车、1台8 000米CTD绞车。

实验室主要有预处理区、甲板工作室、甲板实验室、电子工作间、通用实验室、主实验室、温控实验室、洁净实验室、气象实验室、洁净海水实验室等。

它采用垂直艏、封闭式长艏楼、科学桅、防气泡船型设计、升降龙骨。艏部设有隧道式侧推，采用直流推进电机和全回转舵桨装置推进，推进器采用5叶固定螺距螺旋桨。该船动力定位能力较强，能确

第6章 世界海洋科考船

> 图243 英国新"发现"号

保在恶劣海况下准确定位。

由于设计该船的挪威公司在设计该船前也负责设计了先前交付的"詹姆士·库克"号，"詹姆士·库克"号在交付后的使用中出现了较高海况下气泡下泄的严重问题。为提高多波束防气泡下泄的适应海况，此次设计的新"发现"号艏部线型由设计公司重新论证并设计：将原有的球鼻艏更改为垂直艏，艏部原有的隧道式侧推孔改为船舷两侧无需开孔的喷水推进，多波束安装方式由原先的嵌入式安装改为多波束导流罩突出安装，横剖面线型由原先的平底改为带有一定斜升的线型。这些措施的目的都是为了提高艏部防气泡下泄性能，保证声学设备的正常使用。

 澳大利亚"调查者"号

"调查者"号是澳大利亚新建的一艘全球级科考船，2013年加入澳大利亚科考船队后，使澳大利亚的海洋、气候和地球科学研究能力得到极大的提升。

该船具有多种先进的海洋科考仪器，可用于海洋气候、海洋地质、海洋渔业、海洋生态环境等方面的研究，还可在北极和南极工作。

"调查者"号入级英国劳氏船级社、德国船级社，并须满足挪威船级社最严的Silent-R水下噪声标准——覆盖10赫兹至80 000赫兹的整个宽频频率段。为此，本船采用了2个5叶静音固定螺距螺旋桨，

> 图244 澳大利亚"调查者"号（INVESTIGATOR）

由2个2 600千瓦的交流静音推进电机驱动，同时为满足动力定位能力，采用了艉部襟翼舵。

该船还配备3台柴油发电机组、升降式舷侧推和2套升降鳍装置，船底多波束等声学探测装备采用悬挂安装方式。

主要调查装备包括8 400米长柱状取样纤维缆绞车、8 400米钢缆绞车、6 000米光电缆绞车、2台7 400米CTD绞车、1台2 000米水文纤维缆绞车、2台8 800米钢缆拖网绞车等。吊机包括尾部20吨A型架、1台岩芯取样器收放装置、1台6吨的CTD伸缩行车吊、1台30吨伸缩吊、2台船舯拖引臂及2台船艉拖引臂。声学探测装备主要包括全海深多波束、中水多波束、浅地层剖面仪、ADCP、鱼探仪、分裂波束、多频水听器组、USBL等。该船还装有二维多道地震用空压机。

实验室主要包括通用干实验室、通用湿实验室、大气化学实验室、气溶胶实验室、重力仪室、CTD间、走航海水分析实

> 图245　德国新"太阳"号

验室、温控实验室、样品处理实验室等。

　　该船由于吃水较浅，同时采用了在较高海况下较易导致气泡下泄问题的船型之一"倾斜艏"，为确保多波束正常工作，经设计公司水池试验验证，最终采用了悬挂安装的形式。悬挂安装导致船舶的附体阻力较大，使得该船电站配置功率也较大。

德国新"太阳"号

　　新"太阳"号是德国联邦教研部新建的一艘全球级海洋综合科考船，满载排水量8 000多吨，是当前世界上最大的综合科考船，建造于2013年，2015年底交付使用，用于替换1977年改造完成的旧"太阳"号。此船建造厂为建造豪华邮轮盛名的迈耶船厂，其主要任务为研究气候变化、海洋资源和生态环境失衡带来的后果，水下噪声要求满足国际上最严苛的ICES 209的相关要求。

　　"太阳"号入级德国劳氏船级社，采用综合电力推进方式，2台静音推进电机，艏部布置1台伸缩式全回转侧推装置和1台喷水推进艏侧推装置，艉部布置1台伸缩式全回转侧推装置，全船共配置4台瓦锡兰主机。

　　船上布置满足各学科要求的操控支撑系统及各类实验室。艉甲板留有充裕的空间，可充分满足移动式集装箱布置的要求。

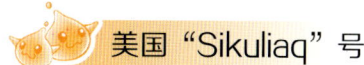
美国"Sikuliaq"号

　　为了推进北极海洋的研究，阿拉斯加费尔班克斯大学在美国国家科学基金的支持下建造了一艘在阿拉斯加地区运行的科

> 图246 美国"Sikuliaq"号极地科考船

考船,并命名为"Sikuliaq"号,意为年轻的海冰。由Glosten Associates海洋建筑工程公司设计,2011年1月14日在Marinette Marine公司位于威斯康星州的船厂开工建造,2014年全面投入使用。

该船长79.6米,宽15.85米,型深8.5米,满载吃水5.7米,可搭载24名科学家和20名船员。采用柴电推进,配备2台MTU 16V-4000和2台MTU 12V-4000柴油发动机,总功率6 220千瓦,推进系统为2台Wartsila Icepod2500吊舱式推进器。为提高低航速时的操纵性能,该船还配备了舷侧推器。静水下的最大航速为14.2节,在2节的航速下可缓慢通过0.76米厚的一年冰,破冰等级为PC5。自持力为45天,续航力为18 000海里(10节航速以下)。

船上艏艉均配有起重机,采用DPS-1级动力定位系统,并安装了冰级加强多波束声呐系统和ADCP(75千赫兹和150千赫兹),具有较长的取芯能力。该船噪声低,便于开展鱼类研究,且十分坚固,适合航行于充满浮冰的北极海域。船上配备有1万米长缆线的现代化绞车,包括深海牵引绞车、CTD绞车、水文绞车。研究人员可以从海底直接采集样本,远程操控一套软管式绞车用来升降科研设备,操纵研究仪器以探查水柱和海底,还可以向全球各地的教室实时传送信息。

 俄罗斯"特列什尼科夫院士"号

2011年3月29日,俄罗斯新造现代化科学考察船"特列什尼科夫院士"号在圣彼得堡下水。该船是俄罗斯自苏联解体以来第一艘自主建造并下水的科考船,而苏联时期建成的科考船平均船龄已超过

30年。

"特列什尼科夫院士"号由圣彼得堡的波罗的海船舶设计局设计,圣彼得堡海军造船厂建造,总耗资超过2亿美元,由俄罗斯两极科研所使用。

该船长133.6米,宽23米,排水量16 800吨,可在零下40摄氏度航行,建成后将主要用作俄罗斯在南极的科考任务,为南极站点、野外基地提供物资技术保障,包括运送燃料、食品、科研设备,越冬换季极地人员更换。

该船功能齐全,集货船、油船、舰载直升机、载客和研究等功能于一体。该船设计了8个现代实验室模块,可针对不同的任务进行替换,比如执行地质物理研究任务时可采用地质实验室;执行生物学方

> 图247 俄罗斯"特列什尼科夫院士"号科考船

> 图248 日本"Kaimei"号海洋科考船

面的任务时可替换为生物实验室。另外，船上装备了更多的现代化科考测量设备，可以保障从事海洋学、地球物理学、气象学、海冰等大范围的研究工作。

"特列什尼科夫院士"号已于2012年建成并投入使用，将与服务超过30年的"费德洛夫院士"号科考船共同为俄罗斯的极地事业增添力量。到2020年，俄罗斯将再增加5艘多功能科考船用于两极地区工作，进行运送物品、海洋研究和生态监察等任务。

日本"Kaimei"号

"Kaimei"号是目前日本海洋科学技术中心最新的海洋科考船，该船由三菱重工下关造船厂建造，于2016年3月完工交付，建造费用207亿日元。

该船船长100.5米，型宽20.5米，型深9米，吃水6米，总吨位5 747吨，航速12节，续航力9 000海里，定员65人，其中科研人员38人，装备DPS动力定位系统。它采用综合电力推进方式，设有2台主发电机、2台辅助发电机，2台功率2 400千瓦的电动机分别驱动艉部2台全回转舵桨，船艏设有一台可伸缩式全回转推进器和艏侧推。

"Kaimei"号上装备了3 000米级4缆三维地震测量系统、高分辨率300米级20缆三维地震测量系统、12 000米级二维地震测量系统；装备了多种海底资源取样装置，包括海底岩芯取样钻机（BMS），适用水深为3 000米、钻深能力为30米、钻孔直径为60毫米，以及适用水深6 000米、容量为1立方米的海底抓斗；还装备了12 000米级CTD采水装置、3 000米级

图249 瑞典"Svea"号科考调查船

ROV、多波束声纳测深系统（MBES）、流速剖面仪、海洋大气观测系统、重力仪、磁力仪等调查设备。

该船设有5个实验室，可以完成海底资源分布、生存环境的调查；大气及海洋环境变化的调查和古环境变动的分析；海底地壳结构探测；对地震、海啸的防灾减灾研究。

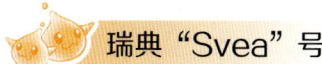

瑞典"Svea"号

瑞典农业科学大学正在建造的"Svea"号科考船，主要用于鱼群调查及水质监测，其他用途还包括收集环境变化影响相关数据、研究海洋生物多样性、研究海洋富营养化、研究二氧化碳对海水酸化的影响、研究海水氧化和脱氧等，2019年4月建成交付。

船长为69.5米，宽15.8米，吃水5.4米，可搭载15名船员和13名科学家。该船采用Skipsteknisk AS公司的ST367型设计，满足ICES 209水下辐射噪声标准。为使其对环境的影响降到最低，该船将使用可再生燃料（一种氢化植物油）。它设置2个升降鳍板仪器舱，用于布置多波束/单波束回声测深仪和声纳。

第7章
放眼未来

未来的海洋科考船发展会是什么样呢？如果我们都有科幻小说家儒勒·凡尔纳那样超凡的想象力，或许可以放眼几百年后的情景，可惜现代科学发展太快，我们只能预测几十年后的情况。简单来说，海洋科考船将会参与构建立体化观测、加快更新换代、增添"新鲜血液"。

协同作战

立体观测

未来的海洋观测，将是立体化观测的天下。海洋立体观测由海洋站网、海洋雷达站网、浮标网、海底观测网、标准海洋断面、海洋生态监测点网、卫星海

> 图250 立体观测网

第7章　放眼未来

洋观（监）测系统、志愿船队、漂流浮标网和海洋机动观（监）测系统等组成，将集合海洋空间、环境、生态、资源等各类数据，整合先进的海洋观测技术及手段，实现多要素、高密度、全天候、全自动，为海洋生态保护、海洋防灾减灾、应对海洋气候变化、保障海洋经济安全、参与全球海洋治理等方面提供重要技术支撑。

未来的海洋科考船将大量配备各类与其他立体观测手段互联互通的工具，并通过与其他探测设备的信息交流，为自身科考作业提供充分的支撑。

精兵强将

船型升级

船舶平台升级

立体观测网中，由于船舶可进行针对性的测量，利用船舶进行观测仍将是不可或缺的一环。而海洋科考设备要想充分发挥自身作用，必须依赖船舶这一基础平台提供可靠、灵活的支撑。未来的船型将随着科学技术的发展不断更新甚至换代，无论是对于船舶设计理念、船舶动力装置还是自动控制和智能化方面，均会有新的丰富的内容，这样才能不断适应科考探测的新要求。概括来说，未来的新建海洋科考船将呈现如下特点。

船型多样化

当前的科考船主要分单体和双体两类，均为水面型（而不是像潜艇那样的"潜伏者"）。20世纪80年代以前的海洋科考船全部为常规的单体船，而由于科考船上需要布置大量海洋调查仪器设备，为了更好地兼顾船舶稳定性、快速性和整体性，20世纪80年代以后逐渐出现小水线面双体海洋科考船，典型的如美国海军的"Impeccable"号和"Victorious"号，以及我国在21世纪初新建的"实验1"号。双体船还有一个优点就是由于每个船体均较单体船瘦长，可减小兴波阻力，提高船舶航行速度及海上作业效率。

未来的科考船还会出现"驻守"某片海域的半潜型，此类科考船水上、水下部分将没有严格的区分，在海况条件好的时候，它会将大部分船体露出水面，一旦碰上狂风暴雨、巨浪滔天，它们又会将大部分船体潜入水中，以更好地抵抗外界的恶

> 图251 法国"SeaOrbiter"号海洋研究船设想图

劣环境。此类科考船将配备先进的风力和波浪能发电装置,利用海洋环境下天然的能量来源,实现船舶系统的自给自足,既节能又环保。

使用模块化

为进一步简化船舶设计和建造复杂度、延长船舶使用寿命,模块化实验室的应用将更加普遍。模块化可以增加科考船使用的灵活性、缩短调查仪器设备的更换时间,极大地提升海洋调查的效率。当前模块化的主要技术手段是采用集装箱,通常载于船舶的艉艏露天甲板,可根据不同科考航次的要求搭载如放射性研究、洁净取样等多种任务模块。未来的模块化分类将更加细化、多样,可实现一次出航获取几十个学科门类的数据采集。

的混合动力甚至单一非化石燃料动力驱动方式,比如在燃油之外考虑更加环保的液化天然气(LNG)燃料、大容量电池、太阳能发电等多种清洁能源技术。就像陆上越来越多出现的电动车一样,科考船势必也将迎来动力的变革,通过燃用环保清洁的燃料,减少硫氧化物、氮氧化物的排放,维护我们共同的碧海蓝天。

当前此类船型的典型代表为德国"Atair Ⅱ"号LNG燃料科考船。"Atair Ⅱ"号是德国海事与水文管理局建造的全球首艘以LNG为燃料的科考船,预计2020年交付,以代替服役已超过30年的"Atair"号科考船。该船将主要用于水文调查和沉船搜索,并将在北海和波罗的海进行海洋环境观察,同时还承担导航和雷达系统的技术测试平台。为应用LNG燃料,"Atair Ⅱ"号配备了2台1 110千瓦的Wartsila 20DF主机,1台6缸Wartsila 20柴油机及2套废气清洁系统,同时采用Wartsila LNGPac燃料

> 图252 科考船上模块化的集装箱

动力环保化

有别于当前科考船主要依靠燃烧燃油来作为推船前进的动力,未来将出现更多

> 图253 德国"Atair Ⅱ"号LNG燃料科考船

系统。燃料舱储气量为130立方米，可满足10天左右的燃气消耗量。

控制自动化和智能化

船舶系统的高度自动化和智能化将使船员人数减少、促进船员素质提高、改善生活和工作条件，调查资料的时空精度也将得到大幅改善。未来的科考船将不再局限于像动力定位、自动驾驶等一般性的自动化配置，自动时空同步观测、自动航迹追踪测绘分析，甚至可实现自动生成初始科考航次报告等。

无人技术将会广泛应用，无人机、无人潜水器几乎将成为标配。这种应用最新计算机和人工智能技术的先进"黑科技"，智能化程度非常之高。新一代的无人技术将大大减少通信和科考人员监

> 图254 无人机

控的需要,布放之后可独立执行探测、识别目标和取样,完成各种人力无法胜任的水上、水下环境和目标数据采集工作。在环境发生难以预料的变化时,还能够自行调整,克服障碍。此外,采用导航帮助和通信中继还可进行多个无人探测仪器的协作作业,处理复杂科考任务的能力将得到大幅提升。

船上还会有智能机器人助手,在普通船务和科考作业时都给我们人类搭上一把手!

传输即时化

受限于海上卫星通信技术的发展限制,当前的科考船还无法做到真正与陆上实验室的实时信息交互。未来随着计算机技术及通信技术的发展,船上数据与陆上数据将实现真正的"无缝"连接,海上的一艘艘科考船将成为陆上实验室的一只只眼睛,所见即所得,船开到哪,陆上实验室就会通过船上的科考设备同步获得相关信息,几乎没有信息的延滞,大大提高了科考数据的时效性。同时,船上的各类设备在调用陆上丰富的科考数据资源时也将非常方便。

作为海洋科考设备搭载的平台,海洋科考船是顺利实现海洋科考功能的前提和基本条件,打造一支支符合当代科考船设计理念且充分考虑未来一定时间段内科考船发展趋势的船型,是船舶科技工作者需要共同考虑的问题。

科考系统升级

随着科学技术的发展,科考系统将向着小型化、自动化、多样化的方向继续"进化",就像手机从当年砖头一样的"大哥大"发展到当前百宝囊一样的智能手机,当前在一艘4 000~5 000吨级科考船上配置的科考系统,未来或许在一艘千吨级船舶上即可实现。

小型化

任何时候,任何一件东西当在保持其功能不变的前提下减小体积都是一项富有挑战性的工作,但小型化却几乎是所有科学技术发展的必然趋势,科考系统也不例外。当船上的吊机、绞车、探测设备可以做得更小时,人们就可以在船上腾出更多空间布置其他科考设备,或者在保持设备外形不变的前提下,获得更多的起吊重量、更大的缆绳容量和更高的探测精度,这些都会大大扩展科考船的科考能力。小型化的极致是"精密化",如何在更小的体量上实现更高的精度,是考验科考系统设计者能力的重要标志。

自动化

自动化的目的是减少人力的占用,提高作业效率。自动化是人类诞生以来一直不断追求的目标之一,未来的呈现方式将是人工智能技术广泛、深入的应用。由于高度的自动化,甚至实现了对人类思维的信息过程的模拟,未来的科考系统使用将主要依赖系统本身基于数据库、强大的计算和分析能力而做出的"自我动作",操作者反而将处于一个次要的地位,所以可以预想未来科考船的操作人员将非常少甚至完全无人化,或许只需要在岸上通过远程控制适当干预即可完成科考作业。

多样化

多样化主要指新技术的应用。未来的科考船将练就更多高超本领,具备"十八般武艺"。过去几十年中,随着深海技术、微电子技术、自动控制技术及材料与加工工艺突飞猛进的发展,以往只在海洋石油勘探、军事领域使用的新型自主式水下/水上平台如有遥控潜水器(ROV)、自治潜水器(AUV)、水下滑翔机和无人机等,均已广泛应用于各类海洋科学考察活动中。可以设想,未来像量子通信、纳米技术、核能利用、超算技术等,都可能成为助推某项科考系统重大突破的关键技术,带来海洋探测技术翻天覆地的变化。

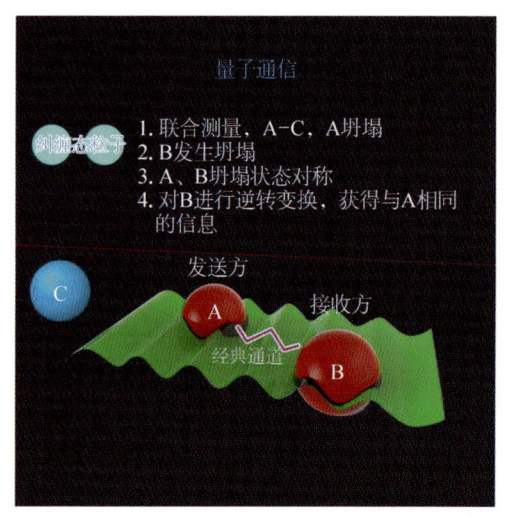

> 图255 量子通信

开疆拓土

深入两极

尚未开发的两极地区蕴藏着丰富的石油、天然气和矿产资源,并且由于全球气候逐年变暖,两极地区冰层融化,极地地区的开发逐年成为焦点。由于各国对极地区域蕴含丰富资源的高度重视,不断开发出具有极地航行能力的海洋科考船,如近年来新服役或新建的美国"Sikuliaq"号、俄罗斯"特列什尼科夫院士"号、德国"Maria S. Merian"号、日本新"Shirase"号、韩国"Araon"号等科考船,均具备破冰和冰区航行能力,可在两极地区进行科学考察。

科考船越来越趋向于在两极冰区的运用,拥有破冰能力逐渐成为发展的主流。未来世界各国的科考船必将向着冰区运用发展,我国也势必向此看齐,面对与常规船舶大为不同的航行环境,具有冰区航行能力的科考船设计将越来越有挑战性。

参考文献

1. 冯士筰.海洋科学导论.北京：高等教育出版社，1998.
2. 侍茂崇，高郭平，鲍献文等.海洋调查方法，山东：青岛海洋大学出版社，2000.
3. 孙松.走进深海大洋——"科学"号海洋科学综合考察船.浙江：浙江教育出版社，2016.
4. 张毅.一片丹心向阳红——舰船工程专家张炳炎的故事.上海：上海科学普及出版社，2017.
5. 启航2017——"嘉庚"号2017年度报告.
6. 2017海洋科学考察船技术高峰论坛.船舶，2017（5）：112-113.
7. 孟庆龙，杨维维，孙雅哲，李尉尉.国外海洋调查船发展历史和趋势以及对我国的启示.海洋开发与管理，2016，33（11）：63-67.
8. 张毅.海上中国梦——舰船设计师的风采.上海：上海文艺出版社，2013.

后记

新中国成立以来，我国舰船与海洋工程装备从小到大，由弱变强，实现了跨越式发展，为捍卫我国海疆和保障国民经济的发展作出了巨大贡献。为了使广大青少年和公众读者了解到我国舰船研制的艰难历程和取得的成就，中国船舶及海洋工程设计研究院、上海市船舶与海洋工程学会、上海交通大学及上海科学技术出版社密切携手，编纂出版"国之重器——舰船科普丛书"，向中华人民共和国建国70周年献礼。

此套丛书编写得到曾恒一院士、潘镜芙院士以及80多位新老科学家的响应和支持，为其顺利出版奠定了基础。丛书编纂中，注重原创，努力将科学性、权威性、严谨性贯穿始终，把技术性、知识性、趣味性融于一体，把舰与船的专业知识从学术殿堂驶达青少年和公众读者的心田。

上海市船舶与海洋工程学会理事长邢文华、中国船舶及海洋工程设计研究院党委书记卢霖、江南造船（集团）有限责任公司董事长林鸥、沪东中华造船（集团）有限公司纪委书记胡敬东等领导对这套丛书的编撰出版予以多方支持和鼓励，并明确指出：该丛书的编撰是一项系统工程，要求高、时间紧、工作量大，要发挥科技人员的参与意识和普及"国之重器"科学知识的积极性，努力把丛书编好，使其成为一部向广大青少年和公众读者科学普及舰船知识，弘扬海洋文化，开展国防教育的好丛书。

100多位从事舰船及海洋工程科研、设计、建造的专家和老、中、青三代科技工作者参与了丛书的编写。撰写者大多是肩负科研任务的一线科研工作者，只能利用业余时间进行编写；他们不是专业的科普作者，但要完成从建造者到教育者、从设计员到讲解员的角色转换；学术著作可以精尖高深，科普文章却要浅显易懂，要像对学生上课一样，心口相传，绘声绘色，这对他们而言绝非易事。但面对困难，他们不曾退缩。在大家的心中，参与丛书编撰不仅是对投身舰船科研、设计、建造实践的重塑，更是为了中国造船事业后继有人、薪火相传。从领受编撰任务的那一天起，他们酝酿推敲、遴选谋篇、不辞辛劳、不舍昼夜，把对科学的爱、对祖国的情凝练成书香墨宝。

历经两年多的时间，这部丛书终于与读者见面了。丛书的编撰得到众多单位支持，并成立丛书专家委员会，严格遵循资

料汇总、提纲拟制、内容撰写、审查把关、全稿统筹的编纂规律,先后多次召开书稿初审会、复审会和终审会,确保内容准确、权威。

因此,"国之重器——舰船科普丛书"具有以下特点:

一是广泛性。丛书涵盖了当今世界主要舰(船)种,内容包括舰船的诞生、发展历程、关键系统设备和发展前景等,是目前已出版舰船科普丛书中比较齐全、比较系统的一套科普丛书。

二是原创性。目前市场上有关舰船方面的科普图书屡见不鲜,但引进的多,原创的少,而这套丛书立足于国内舰船研制历程,经过精心策划,历经两年多的努力原创而成。

三是权威性。丛书由中国船舶及海洋工程设计研究院、上海市船舶与海洋工程学会和上海交通大学主编,联合江南造船(集团)有限责任公司、沪东中华造船(集团)有限公司、上海外高桥造船有限公司、中国海洋石油集团有限公司等单位,还成立了由曾恒一院士、潘镜芙院士领衔的专家委员会对丛书内容进行专业技术上的把关,保证了此书的科学性和权威性。

四是充满情怀。习近平总书记指出:科技创新、科学普及是实现国家创新发展的两翼,要把科学普及放在与科技创新同等重要的位置。丛书正是基于这一精神向全民,特别是青少年介绍舰船科技知识,弘扬科学精神,传播科学思想和科学方法,激发爱国热情,使全民关心、热爱、支持国防建设和舰船事业的发展,为实现强军梦、强国梦尽一份心力。

五是集体创作。老、中、青100多位科技工作者参加丛书编撰,每分册从提纲到初稿、定稿,均经众人讨论、修改,所以说丛书是集体创作的成果。

丛书编写过程中参考了一些书籍和报刊,引用了一些观点和图片,在此表示诚挚的谢意。

在丛书出版发行之际,向各位专家、全体编撰人员,以及关心、支持丛书编撰出版的有关单位和个人表示崇高的敬意。

对于书中不妥之处,希望广大读者予以指正。

张 毅

2018年8月

国之重器——舰船科普丛书
出版工作委员会

■ **主 任**
温泽远

■ **副主任**
魏晓峰

■ **执行主任**
侯培东

■ **策划编辑**
楼玲玲　陈　立　潘慧中　陈晏平

■ **编辑人员（以姓氏笔画为序）**
王　辉　朱永刚　杨　燕　李　艳　李宏瑞　沈晓平　张　帆　张钰琼　陈　立　陈　晨
陈晏平　姚晨辉　高军晓　高爱华　黄丽芬　楼玲玲　潘慧中

■ **美术编辑**
赵　军　潘慧中

■ **技术编辑**
张志建　吕　伟　陈美生　王晓颖　王永容

■ **责任校对**
朱　虹　陈敏芳　卢文斌　李瑶君　翟　红

■ **发行推广**
罗小林　李　旻　杨　淦　朱旖旎　李宏瑞　陈　立　潘慧中　陈美生

■ **特约顾问**
田小川　李维靖

本书内容由中国船舶及海洋工程设计研究院审定。本书所使用的图片由中国船舶及海洋工程设计研究院、上海市船舶与海洋工程学会、上海交通大学、江南造船（集团）有限责任公司、沪东中华造船（集团）有限公司、上海外高桥造船有限公司、中国海洋石油集团有限公司、中船重工第七一四研究所、少年儿童出版社等提供。

特别说明：本书中可能存在未能联系到版权所有者的图片，请见书后与上海科学技术出版社联系。